图书在版编目（CIP）数据

健康与养成 / 北京市监狱管理局, 北京市戒毒管理局编著. -- 北京：中国政法大学出版社, 2025. 3. -- （"光明行"系列丛书). -- ISBN 978-7-5764-1988-7

Ⅰ. D926.7

中国国家版本馆 CIP 数据核字第 2025TY3830 号

书　　名	健康与养成 JIANKANG YU YANGCHENG
出版者	中国政法大学出版社
地　　址	北京市海淀区西土城路 25 号
邮　　箱	bianjishi07public@163.com
网　　址	http://www.cuplpress.com (网络实名：中国政法大学出版社)
电　　话	010-58908466(第七编辑部) 010-58908334(邮购部)
承　　印	北京中科印刷有限公司
开　　本	720mm×960mm　1/16
印　　张	15.25
字　　数	210 千字
版　　次	2025 年 3 月第 1 版
印　　次	2025 年 3 月第 1 次印刷
定　　价	62.00 元

第一版编委会

修订版编委会

修订版总序

教材是传播知识的主要载体，体现着一个国家、一个民族的价值观念体系。习近平总书记指出："紧紧围绕立德树人根本任务，坚持正确政治方向，弘扬优良传统，推进改革创新，用心打造培根铸魂、启智增慧的精品教材。"监狱作为教育人、改造人的特殊学校，更加需要一套科学系统的精品教材，洗涤罪犯灵魂，将其改造成为守法公民。多年来，首都监狱系统在"惩罚与改造相结合、以改造人为宗旨"的监狱工作方针指导下，始终坚持用心用情做好教育改造罪犯工作，秉持以文化人、以文育人理念，于2012年出版了北京市监狱管理局历史上第一套罪犯教育教材——"光明行"系列丛书，旨在用文化的力量，使人觉醒、催人奋进、助人新生。

丛书自问世以来，得到了司法部、北京市委政法委、市司法局等上级机关和领导的充分肯定，获得了范方平、舒乙、洪昭光等知名专家的高度评价，受到了全国监狱系统同行的广泛关注，得到了罪犯的普遍欢迎，成为北京市监狱管理局科学改造罪犯的利器。这套丛书获得了多项荣誉，2012年被国家图书馆和首都图书馆典藏，《道德与践行》被中央政法委、北京市委政法委列为精品书目，《健康与养成》获得了"全国中医药标志性文化作品"优秀奖等。"光明行"系列丛书已经成为北京市监狱管理局罪犯改造体系的重要组成部分，成为北京市监狱管理局的一张名片，为全面提升罪犯改造质量发挥了重要作用。

党的十八大以来，以习近平同志为核心的党中央高度重视监狱工作，习近平总书记多次作出重要指示，为监狱工作提供了根本遵循，指明了前进方向。特别是随着中国特色社会主义进入新时代，社会主要矛盾发生根本转变，经济生活发生巨大变化，社会形势发生重大变革，全党确立习近平新时代中国特色社会主义思想，提出了一系列治国理政的新理念、新思想、新战略，取得了举世瞩目的成就。近年来，随着刑事司法领域全面深化改革的逐步推进，国家相关法律和监狱规章发生较大调整，监狱押犯构成发生重大变化，监狱机关面临新形势、新任务、新挑战，需要我们与时俱进，守正创新，在罪犯改造的理论体系、内容载体、方式手段，以及精准化水平等方面实现新的突破，以适应新的改造需要。在这样的背景下，北京市监狱管理局以"十个新突破"为指引，正式启动对"光明行"系列丛书的修订改版，进一步丰富完善罪犯教育教材体系，推动教育改造工作走深、走精、走活、走实。

本次修订对原有的《监狱与服刑》《道德与践行》《法律与自律》《劳动与改造》《心理与心态》《回归与融入》6本必修分册，以及《北京与文明》《信息与生活》《理财与规划》《健康与养成》4本选修分册进行更新完善，同时新编了一本《思想与政治》必修分册，以满足强化罪犯思想政治教育、树立"五个认同"的现实需要，使得丛书内容体系更加科学完善。

新修订的"光明行"系列丛书共计160余万字，展现出以下四大特点：一是反映时代特征。丛书以习近平新时代中国特色社会主义思想为指导，反映十几年来社会发展和时代进步的最新成果，将中央和司法部对监狱工作的新思路、新要求融入其中，特别是坚持同中国具体实际相结合，同中华优秀传统文化相结合，对理论及内容进行更新，充分展现"四个自信"。二是彰显首善标准。丛书总结这十几年来北京市监狱管理局改造工作经验，将"十个新突破"及教育改造精准化建设的最新要求融入其中，体现了市局党组和全局上下的使命担当和积极作为，反映了首都监狱改造工作取得的成绩和经验，展现了首都监狱工作的特色和水平。三是贴近服刑生活。丛书立足监狱工作实际，紧扣服刑、改造、生活、回归等环节，贯穿服刑改造全过程，摆事实、讲道理、明规矩、正言行，既供罪犯阅读，也供民警讲授，对罪犯有所启发，使其有所感悟，帮助罪犯解决思想和实际问题。四是适合罪犯学习。丛书更新了大量具有时代性和典型性的故事和事例，以案析理、图文并茂，文字表述通俗易懂、简单明了，每个篇章新增了阅读提示、思考题以及推荐书目和影视作品，使罪犯愿意读、有兴趣、能读懂、易接受，将思想教育做到潜移默化、润物无声。

本次修订改版从策划编写到出版问世，历时一年，经历了内容调研、提纲拟定、样章起草、正文撰写、插图设计、统稿审议、修改完善和出版印刷等大量艰辛繁忙的工作。丛书修订得到了各级领导的大力支持和悉心指导，参与社会专家达到 21 人，参与编写的监狱民警 80 余人，组织召开各类会议 130 余次，问卷调查涉及罪犯 1800 余人次，投入经费 200 万元。我们还荣幸地邀请到秦宣、章恩友、马志毅、金大鹏、林乾、吴建平、元轶、刘津、许燕、杨光、巫云仙等知名专家担任顾问，加强指导、撰写序言、提升规格、打造精品。希望广大罪犯珍惜成果、加强学习、认真领悟、真诚悔过、自觉改造，早日成为有益于社会的守法公民。

在此，谨向付出艰辛劳动的全体编写人员致以崇高敬意，向支持帮助丛书编写出版的同志们及社会各界人士表示衷心的感谢！由于时间和水平有限，难免存在疏漏和不足之处，欢迎批评指正。

"光明行"系列丛书编委会
2025 年 1 月

分　序

　　在不断变化的世界中，"健康"犹如一座灯塔，始终照亮着人类前行的道路。而"养成"，则是那座连接现实与梦想的桥梁，是通往健康之路不可或缺的过程。正是基于这样的理念，《健康与养成》一书应运而生，它致力于为每一位读者提供一套全面、系统的健康养成方案。帮助大家树立科学的健康观念，让健康不再是遥不可及的梦想。无论你是谁，或无论你当前的健康现状如何，选择健康——更准确的说，健康是一种选择——我们要学会选择健康。无论何时何地，你所需要了解的就是，在通往健康或疾病的每一条道路之中，你正走向何方，是迈向健康还是驱散疾病，并因此有意识地调整自己的生活方向。

　　《黄帝内经》作为中医养生的经典之作，其中有这样一句深邃的话："智者之养生也，必顺四时而适寒暑，和喜怒而安居处，节阴阳而调刚柔。如是，则僻邪不至，长生久视。"这句话道出了养生的真谛，即顺应自然规律，调和身心，以达到长寿健康的目的。作为一本健康科普读物，《健康与养成》无论是运动健身、心理调适还是疾病预防，本书都提供了科学、详尽的阐述与指导，为读者开启了一个全新的视角和思路。健康并不是那么遥不可及，只要掌握了正确的养生方法和健康科普知识，就能让身心得到真正的滋养与呵护，享受健康带来的生命之美和绚丽。

　　为了使内容更加生动易懂，本书还特别注重实例的运用。这些实例大多经过科学实验、临床试验，或是从中医古籍和西医养生科学书中记录而来，有根有据，并不是凭空臆造之法。所以，如果参照书中介绍的一些小方法和小口诀，从一个完全崭新的角度去看待健康和疾病，并了解到如何选择健康，你会发现，自己过去是如何不自觉选择了不健康的思维与生活方式。这包括我们对在生活中各种事件的反应，以及我们自己的想法和情绪的控制，这些都会直接影响我们的健康乃至生命。

黄帝，作为中华民族的象征，上古时期常与岐佰等臣子讨论医学方面的问题，关注人的健康与长寿。他所著的《黄帝内经》中提到："志闲而少欲，心安而不惧，形劳而不倦，气从以顺，各从其欲，皆得所愿。""恬淡虚无，真气从之，精神内守，病安从来。"维护健康需要我们本着良知，每日认真努力，让我们携手行动，分享知识。健康是一种选择，这一选择掌握在自己手中。学会选择健康，我们就可以改变自己，众人齐心携力就能改变世界，满怀信心地迈向一个更加美好、健康的未来。

这是一本好书，以中国古代科学的瑰宝、凝聚着深邃的哲学思想和中华民族几千年的健康养生理念及其实践经验的中医药学的眼光，去看待健康与疾病问题，掌握自身健康的能力，这是我们共同的期待与目标。

以此为序。

第二十四届中华医学会副会长；
"同心·共铸中国心"组委会执行主席

2025 年 1 月 15 日

目 录

第一篇
保健基础：好习惯决定好身体

我们身边的一些细节问题看起来微不足道，但却是导致健康远离我们的罪魁祸首。牙怎么刷？脸怎么洗？觉怎么睡？路怎么走？药怎么吃？卫生巾怎么用？当这些谈不上是问题的问题摆在我们的面前时，我们真的能给出正确的答案吗？要掌控自己的健康，首先要做的就是纠正自己不良的生活习惯，更加关注健康细节。

【阅读提示】

1. 掌握养成良好生活习惯的重要性。
2. 了解正确身体姿势对健康的影响。
3. 掌握正念养生对心理健康的益处。

一、摒弃一切坏毛病，养成个人好习惯

自古至今，很多人幻想能得到一种"有病治病、无病强身""包治百病"的"长生不老药"，但这只是幻想。其实很多人都没有看见，真正的"长生不老药"就在我们身边，这种"长生不老药"是什么呢？那就是习惯。习惯就是我们健康的"灵丹妙药"，特别是一些日常卫生习惯，如刷牙、洗脸、洗手、洗衣服等，与健康的关系更为紧密，因此，为了保持健康，要先养成良好的卫生习惯。

第一要说说刷牙。相信大家都记得这么一则广告："牙好，胃口就好，身体倍儿棒吃嘛嘛香……"怎么做牙才能好呢？这个问题再简单不过了，幼儿园的小朋友也会马上回答出来——"勤刷牙"。答案就是这么简单，但你真的确定你会刷牙吗？

刷牙是非常重要的卫生习惯。为什么？我们先来了解以下一组数字：通常情况下，人的口腔中含有 4 亿~5 亿个细菌，一口漱口水中含有几千万个细菌，1 颗牙垢中的细菌含量高达 100 亿个；每刷牙一次，口腔细菌可减少 60%~70%，如果只漱口不刷牙，口腔细菌仅减少 15%~25%。看过这组数字，我们就知道刷牙有多重要了。

很多人有刷牙程序不规范、牙刷摆放不讲究、刷牙时间也不合理等问题，而这些问题，都是导致口腔疾病，如牙周炎、牙龈炎等频频发生的"火药库"之一。那么，怎么刷牙才算健康呢？

刷牙时，最好采用"333"法来保持口腔卫生，即每日 3 餐后隔 3 分钟，刷牙 3 分钟。刷牙时，牙刷应该顺着牙齿生长的方向刷，上牙从上往下刷，下牙从下往上刷。刷牙的水温最好是 35℃~36.5℃，因为人的牙齿适宜在这种口腔温度下进行正常的新陈代谢。刷牙后要彻底漱口，防止牙膏残液进入体内。刷牙后应及时清洗牙刷，清洗后尽量甩掉刷毛中残留的水分。

说完了刷牙，我们第二要说说洗脸。洗脸的方法：因传统的习惯是从上向下洗，恰好与面部血液循环方向相反，久而久之就阻碍了血液流通。另外，地心引力也将人的皮肤向下拉，洗脸从上而下则更容易使面部出现细碎皱纹和皮肤松弛。因此，洗脸将由上而下改为由下而上为好。

第三要说说洗手。科学的洗手方法是：把水龙头打开后，用流动的水冲洗手部，应使手腕、手掌和手指充分浸湿；然后打上肥皂或洗手液，均匀涂抹，搓出泡沫，让其沾满手指、手掌、手背、指缝等部位，反复搓揉双手及腕部；最后再用自来水把手上的肥皂泡沫冲洗干净，冲洗时把手指尖向下，双手下垂，让水把肥皂泡沫顺手指冲下来。

第四要说说洗头。洗头前，应先用梳子将头发梳顺，这样可以减少洗头时的脱发量。洗发时，需边轻轻揉搓边按摩，这样既能保持头皮清洁，又能促进头皮的血液循环。

第五要说说换洗衣物。衣服对保持个人卫生、促进身体健康也具有非常重要的作用。因为外衣裤暴露在外界，与外界空气和物品经常接触，所以容易沾染灰尘、污垢及各种有害微生物；而内衣裤直接与皮肤、肛门、外生殖器接触，易沾染汗渍、皮脂、皮肤的脱落细胞甚至大小便污渍，容易滋生细菌。只有常换洗衣服，才能及时去除这些污垢和细菌，保持身体健康。

洗衣服时不要贪图省事，如果洗衣服用水过少，不能彻底清洗衣服上的污物和洗衣粉，就会刺激皮肤，尤其是敏感性皮肤，还可能会引发皮肤病。

实际上不仅是洗头洗澡、洗脚洗衣这些卫生习惯会影响我们的健康，作息习惯、饮食习惯、运动习惯、心理习惯等都会对我们的健康造成一定的危害。所以只要是坏习惯，我们都应该坚决摒弃它。这样，你才能够与健康同行，减少疾病的发生。

思考题

1. 如何刷牙？
2. 洗脸该怎么洗？

二、作息颠倒易衰老，起居有常睡眠好

　　健康有四大支点：平衡的心态、均衡的营养、适量的运动、充足的睡眠，我们下面要谈的是睡眠习惯。理论上讲罪犯的睡眠是非常充足的，因为大家在哪个时间睡觉，哪个时间起床，监狱都是有严格规定的，规定很严格，也非常合理，这仅是理论时间，如果你人躺在床上了，眼睛也闭上了，就是不睡觉，这也是作息颠倒的表现，所以，罪犯也需要关注睡眠的问题。

　　说到睡眠，在这先给大家说一段故事，故事的主人公是清代著名的学者李渔，话说李渔和一位到处讲养生秘诀的术士抬过一次杠。起因是这位术士想让李渔拜他为师，李渔就先向他请教长寿的方法，说如果两人不谋而合，就拜他为师，否则就只能做朋友。术士说：益寿之方，全凭导引；安生之计，惟赖坐功（静坐）。李渔说：要是这样，你的方法最苦，修苦行的人才做得到。我这个人又懒而又好动，喜欢事事求乐，你的方法我做不到。然后李渔提出他的见解：养生之诀，当以睡眠为先。睡眠的好处是："睡能还精，睡能养气，睡能健脾益胃，睡能坚骨壮筋。"

人要是几个晚上不睡觉，就会生病；而病人若睡得一好觉，病就会减轻。因此他说睡觉才是"无试不验之神药也"。结果把那术士给气跑了。

　　李渔的说法并非无道理。自古以来，日常养生中就很注意高质量的睡眠。古人有"服药百裹，

不如独卧"的说法，意思是安稳地睡个好觉胜过服用补药。你知道现在为什么有那么多人有头昏头痛、失眠多梦、记忆力减退、注意力不集中、疲倦乏力、食欲不振等毛病吗？就是睡眠不足所导致的。

那么，睡眠不足会对身体造成什么样的伤害呢？

如果夜里睡得过晚，首先会伤到我们的胆气，严重者甚至会患上抑郁症。《黄帝内经》讲"气以壮胆""凡十一脏腑，取决于胆。" 23 点至 1 点是子时，胆经最旺。人在睡眠中养蓄了胆气，如果不睡觉消耗了胆气，严重者会出现"怯症"，即是现代医学讲的抑郁症。

除此之外，熬夜也会损耗到我们的肝脏，大家都知道，肝与胆互为表里关系，胆受到伤害，必然会波及肝，且胆经当班之后的"轮值人员"，就是我们的肝经。而人体最重要的阴液——血液是归肝脏来管理的。人躺下时，血就归于肝脏，血归于肝脏，眼睛、手脚、全身脏腑和筋骨才能得到血的滋养。所谓"故人卧血归于肝。目受血而能视，足受血而能步，掌受血而能握，指受血而能摄"，我们知道，人一动，气血就加快，所以如果受伤出血，一般不能乱动，古人说"人动则血运于诸经，人静则血归于肝脏"。由此不难看出，熬夜就是在熬血！尤其是子时和丑时，也就是胆经和肝经值班的时间，如果不睡觉，就是在跟自己的肝、血过不去！

因此，睡好觉，睡饱觉可以说是养生的一大法宝。那么，什么样的睡眠才算健康呢？在中医看来，最健康的睡眠莫过于子午觉了。所谓"子午觉"，自然是指晚上要赶在子时睡觉，而在午时也需要休憩一会儿。子时大睡，午时小睡是子午觉的一大原则。子时一定是放松状态的正儿八经地上床睡觉，午时有条件时最好也是卧睡，如果条件不允许，则可静卧、静坐一定的时间。

文化讲堂

养生之诀，当以睡眠居先。

——李渔

思考题

子午觉怎么睡？

三、养成排便好习惯，健康与你天天见

有句俗语叫："管天管地，还管人拉屎放屁。"天地我们可以不管，但拉屎放屁不能不管，你要真随地大小便了，监狱警官肯定会管你，为什么啊？既不卫生也不文明嘛。不仅警官要管，出于对自己的健康负责，你自己也要管理好自己的大小便，随地大小便自然是不行，不过老憋着也不行。因为人体的呼吸、消化、排泄等器官就好比一条条健康通道，如果这些通道里的排泄物没有及时合理地排出，长期下来，将会对身体造成种种不良影响，所以，在养成良好的生活习惯里面非常重要的一项，就是养成良好的排便习惯。

随地大小便的现象既不文明，也会给环境卫生造成严重的负面影响，必须予以谴责和纠正。但如果有了便意却憋着忍着，我们也不提倡。

首先，憋尿会影响膀胱的正常功能。我们都知道，膀胱相当于一个有一定弹性的橡皮口袋，平时，膀胱很小，当里面的尿液越来越多时，膀胱就会被撑大。但膀胱的伸展性是有一定限度的，超出了它的限度仍然硬憋着不排，尿液在膀胱里越积越多，它的正常工作就会受到影响。长期下去，膀胱便会失去弹性，像被拉松了的皮筋，不能恢复原状一样。

其次，憋尿会产生毒害物质而诱发尿路感染。我们都知道，尿液是人体产生的废物之一，说到废物，自然含有多种毒素，这些毒素如长时间存留体内，就容易引起膀胱炎、尿道炎、尿痛、尿血或遗尿等。疾病严重时，尿路感染还能向上蔓延到肾脏，引起肾盂肾炎。

此外，国外研究称，排尿次数与膀胱癌的发病率密切相关，排尿次数越少，患膀胱癌的危险性越大。因为憋尿增加了尿中致癌物质对膀胱的作用时间，从而增加其患癌症的可能性。对于一些慢性病患者来说，憋尿甚至还有可能诱发猝死。

曾有一个真实病例，一位八旬老人因为长时间憋尿，早上起来昏倒在厕所里，幸亏家人及时发现，送到医院抢救，才脱离了生命危险。原来老人十分怕冷，由于晚上温度较低，要他从暖融融的被窝里钻出来，穿着单薄的睡衣去上厕所，实在有点畏惧，所以他硬是憋了一晚上。到了天亮，老人实在憋不住了，才匆匆爬起来去厕所，没想到突然昏倒在地。老人为什么会突然昏倒呢？原来老人患有高血压。高血压患者憋尿会使交感神经兴奋，导致血压升高、心跳加快、心肌耗氧量增加，引起脑出血或心肌梗死，严重的还会导致猝死。而如果在长时间憋尿后突然用力排尿，又会使迷走神经变得过度兴奋，促使脑供血不足、血压降低、心率减慢，诱发排尿性晕厥。

由此可见，俗语所说的"活人差点儿被尿憋死"并不是一句玩笑话。因此，一定要将憋尿的习惯改正过来。

与憋尿一样，憋便同样是一件非常愚蠢的事情。俗话说"管天管地，管不了拉屎放屁"。又说"屎急尿胀，官府要放"。这些俗语说明了大便同样憋不得。

你大概不知道，大便一旦被憋了回去，它可能就出不来了，因为大便中的水分会因为你这一憋而被吸收，就会导致大便秘结难解、疼痛，甚至引起肛裂、痔疮等肛门疾患。

如何解决这一问题呢？

首先，你要听从大肠与膀胱给你发出的正确指令。在你的大肠、膀胱对你说"我已经满了"的时候，就应马上跑到厕所去，而不要忙着做别的事情。

其次，要养成每天排泄大小便的习惯。最重要的一点就是，不管能不能排出来，都要养成每天如厕的习惯，而且排便的时候，切忌三心二意，因为不专心排便和有了便意坚持不去厕所一样有害。有一位作家，爱写爱看，尤其喜欢在厕所里看报纸、构思。退休以后，常常在厕所里一坐就是一小时，就是这习惯，让他和"便秘"结下"不解之缘"，后来肚腩也跟着大了起来，而且有口臭，只要他一张口说话，身边的人无不想避而远之。后来，有个医生给他出了个主意，上厕所不带报不看书，在厕所里不能超过 10 分钟。没多久，他的大便就通畅了，口也不臭了，肚腩也小了许多。

再次，是要根据人体的生物钟来排便。中医的论点认为，早上 5~7 点，是大肠蠕动最旺盛的时间，应养成在清晨排便的习惯。

最后，要多吃纤维素。美国做了一个研究，发现美国人食物比较精细，两天一次大便，有人三天一次大便。而非洲人呢，粗茶淡饭，一天两次大便，有人一天三次。结果美国人得乳腺癌、结肠癌、直肠癌的人数是非洲人的 4~6 倍。区别在哪儿？就在纤维素的摄入量上。含纤维素较多的食物有哪些呢？常见的绿色蔬菜都含有较多的纤维素，这类食物可多吃。

思考题

1. 为什么长时间在厕所里看报纸或书籍可能会导致便秘和口臭？

2. 根据中医的观点，为什么早上 5~7 点是排便的最佳时间？

3. 为什么增加纤维素的摄入量有助于预防便秘？

四、手淫习惯危害多，欲望转移自调和

手淫到底对人体健康有多少影响？如何引导和帮助大家解决这一难于启齿而又无法回避的问题呢？

一是要树立对手淫的科学认识。首先要明白，偶尔有手淫是一种正常行为，并不影响健康，因手淫而造成的羞愧、悔恨、自责心理，甚至产生恐惧感、负罪感，形成沉重的心理负担是不必要的。如果一旦形成手淫习惯也不要怕，树立坚定的信念，相信手淫是可以克服的。只要戒掉手淫习惯，对身体不会遗留不良后果。

二是要学会自我暗示法。当性冲动出现时，可以进行自我心理调节，自我尽量控制手淫的欲念。可先从减少次数开始，减少到手淫只是极为偶然的现象，直至戒除。或产生手淫念头时，可立即对自己说"我要身体健康"之类的话来暗示自己。

三是可学习主动转移。每当出现手淫念头时，去做对自己最有吸引力、兴致最浓的事情。如看书或想其他事，这样可以转移大脑性冲动的兴奋点，制约手淫习惯。

四是要学会自我激励。可准备一张纸，上面画上一张日期表格，如哪一天没有手淫，可在日期下面画上一个五角星，看一个星期或一个月自己积累了多少五角星，以此来激励自己，树立戒除手淫的信心。

五是要学会回避法。远离一切容易引起性兴奋的刺激源，保持良好的劳动生活习惯。睡前避免过度兴奋，不要去想性欲方面的事，这对减少性的刺激与控制性欲能起积极作用。

六是养成良好的生活习惯。睡眠以右侧卧为佳，不要俯卧，被子不要过厚。也不要憋尿，避免膀胱过分充盈引起刺激。另外，内裤也不要过于紧小，防止摩擦外生殖器而引起刺激。只要按照以上方法去做，相信你一定能克服过度手淫的不良习惯。

思考题

1. 手淫过度有哪些衡量标准？
2. 克服手淫的方法有哪些？

五、正误走姿细盘点，风度健康两不误

许多人喜欢把走路看成一种展示自我性格的方式，横冲直撞的，用大家的话来说，这叫"拉风""酷"。风是拉了，酷是酷了，但未必健康。有句话叫"健康就在行走坐卧间"，也就是说，日常生活习惯，行走坐卧等一系列看似与健康毫不相关的问题，实际是防止生病或者少生病的重要方式，以前不明白这个道理，就不提了，既然今天明白了这个道理，却还像以前那样走路，那就是你的不对了。那么，哪些走姿是错误的？正确的走姿该是什么样子呢？

我们来细细盘点一下常见的几类错误走姿和危害。

1. 埋头走路

推崇埋头苦干的人，认为低头走路也算是一种"苦干"的姿态，所以很多实干的人，喜欢采取这种姿态走路。这样走路，不仅不能欣赏风景，不能与同伴交流，更重要的是使颈椎偏离了最佳生理位置，而颈后肌肉要独立负担整个头部的重量，容易导致肌肉劳损，甚至困扰你多年的头痛就很可能是这样造成的。

2. 走路脚尖过于朝外

一般情况下，我们的脚趾是指向前方，或者是轻微地朝向外侧，如果是迈着外八字脚步，那就说明脚趾向外的角度过大，久而久之会让膝盖跟着向外移，双腿变成 X 形，同时可能引起膝关节疼痛以及加速关节退化。

3. 走路脚尖朝向内侧

如果用内八字走路，容易使更多压力积聚在脚外侧，久而久之容易引起关节变形和疼痛。

4. 踮着脚尖走路

踮着脚尖走路真的能令你身轻如燕吗？当然不是。相反，这正是导致你"萝卜腿"的罪魁祸首。踮着脚尖的时候，小腿的腓肠肌会一直处于紧绷状态，长期踮脚，它就会变得更加发达了。另外，前脚掌承受的压力增加，可能导致前脚趾变形、皮肤硬化生出茧子。因此，这种"蜻蜓点水"的业余"芭蕾"还是免了吧。

那么，什么才是正确的走姿呢？正确的行走姿势除了能够保护脊椎、预防疾病以外，还可以体现个性气质、文化修养和美学神韵。女子步态要优雅、轻盈，以利于骨盆和子宫韧带的发育和血液循环。男子更可以借此表现出阳刚气概，步态矫健、稳重、大方。

无论男女，行走时表情要大方自然。两眼平视前方、头部微微昂起，嘴唇微闭，颈部正直，胸部自然向上挺，腰部挺直，收小腹，臀部略向后方突出，双臂自然下垂。走动的时候两只手臂自然摆动，摆动的幅度在30度左右为宜。手臂前摆时肘部微屈，不要把胳膊甩来甩去；手臂摆向后方的时候，不要甩手腕。

两腿走路要有力，换步时肌肉微微放松，膝关节不要过于弯曲，大腿不宜抬得过高。每一次脚步大小根据自己腿长和脚长而定，一般平步为70厘米左右，两脚之间相距一只脚到一只半脚的距离，行走时不要上下颤动和左右摇摆。

此外，上下楼是走姿的一个重要内容，如果姿势不当，会出现踏空而闪腰的情况。有时候我们会看到一群嬉闹的小孩，一窝蜂朝楼上狂跑，然后其中某一个"哎哟"一声跌在楼梯上，所以上下楼梯一定要稳重，尤其是老年人，爬楼梯可不是"聊发少年狂"的时候。正确的上下楼姿势，应当整个脚底踏实在楼梯上，不要只踏半只脚，同时膝关节应该略微弯曲，收紧小腹，臀部向内收，上身正直，速度适当。

综上所述，采取正确的行走姿势，腰椎就可以保持正常生理曲度，既不歪斜，也不扭曲，腰部也不会增加不必要的负担。每天保持正确的走姿是对脊椎的养护，可以风度、美感、健康兼而有之；如果姿势不对，就变成了对脊椎的慢性折磨。而且，行走是日常生活中非常频繁的姿势，对错与否，久而久之，失之毫厘、谬以千里。因此，选择良好的姿势就可以让我们的脊椎走上健康之路。

思考题

1. 常见错误走姿有哪些？

2. 科学走姿有哪些具体的内容？

六、坐姿不当危害大，标准坐姿可养生

俗语说得好，坐有坐相，站有站相。在生活中，爱跷二郎腿的人为数不少，不少人是习惯使然，而有不少人却是刻意要这么做，认为这是风度、高雅的表现。实际上无论你是习惯的原因，还是刻意要这么做，我们都要奉劝你一句，千万别这么干。首先，跷二郎腿是一种不大礼貌的做法。其次，长期跷二郎腿会影响我们的健康。实际上不光是跷二郎腿，任何不正确的坐姿都会对身体造成一定的危害。

许叔微在《普济本事方》中说，自己的身体在长大后有个毛病，就是停饮。什么是停饮呢？简单说就是，水喝了以后感觉总是下不去，总是在胃里面堵着。这个毛病是怎么产生的呢？答案是坐姿的问题。许叔微说他少年读书时，坐姿不正，喜欢左面身子趴在桌子上写，所以他感觉饮食在胃里好像都偏向左边了。刚开始时没什么，三五年后开始觉得水喝下去以后都是从左边下去的，胃口也不好了，经常往外呕酸水，更严重的是，每到天热的时候，他的右半个身子出汗，左半个身子根本就没有汗，是干燥的。

后来许叔微找了好多名医，也翻了好多书，都没治好，再后来干脆自己想办法治。于是许叔微就用了一味中药苍术，他搞了一套很复杂的炮制方法，大概是把苍术捣成末，然后将大枣肉和一点香油绞成泥，再把苍术末和枣泥做成药丸，每天吃，结果这个病就好了，全身也出汗了，胃口也好了，也不吐酸水了，连视力都提高了。

在这个故事里面，许叔微虽然通过苍术治疗好了因坐姿落下的疾病，但也从另一方面表明，坐姿不当的危害是非常大的。

那么，坐姿不当会对人体造成什么伤害呢？

首先，如果坐姿不当，会造成背部肌肉操劳过度，产生背痛或背部僵硬；不良坐姿最容易引起颈肩痛，甚至出现头晕目眩的症状。

其次，坐姿不当，会对胃、肠等产生压迫，影响人体消化系统。最后，坐姿不良还会引起驼背，或者造成肝肾与眼部的气血通道受阻，导致眼部营养缺乏等。所以，要养生，首先要保证坐姿上没有问题。

在罪犯当中，常见的错误坐姿有以下这两种：

一是跷二郎腿。长期跷二郎腿，骨盆慢慢会一边高一边低，通常是跷腿的一边骨盆会比较高，骨盆一旦有高低，就会造成腰椎侧弯。如果习惯长期跷左腿，他左面的腰椎可能会有问题。长期跷右腿，右边的腰椎就可能会有问题。于是有人会问了："那我轮着跷左右腿是不是就纠正过来了？"相对于单侧跷腿来说，轮着跷腿是好一点，但必须指出的是，轮着跷腿说不定两边都会出问题。

二是半躺半坐抬腿而坐。我们正坐时，双脚是自然下垂的，当我们把两脚放上来，你的脚虽然舒服了，可是你的腰在不断受力，就容易出现问题。很多人在白天时因为脚酸，于是习惯地把脚跷起来，目的是让脚舒服，但是他不知道的是，在脚舒服的同时，他的腰开始受力，受力结果使需要维持前突状态的腰椎就变成了后突。

准确来说，标准坐姿要求是上身挺直，下颌微收，尽量将腰背紧贴并且倚靠椅背，使腰椎部的肌肉不至于疲劳。双下肢并拢，两脚的脚掌要和地面呈直角，膝盖也呈直角，并且要略高于骨盆。

除这种常规的坐姿之外，建议大家，在时间允许的条件下，可尝试一下打坐。

那打坐该如何做呢？打坐方法有很多种，这里给大家介绍一个最简单的方法——下盘法。具体做法如下：将两腿交叉，左脚压在右腿膝下，右脚压在左腿膝下，两肩端平放松，两手五指并拢放到膝盖上面，腰杆挺直，小腹微收，头要正，颈要直，口要闭，两眼微闭，呼吸要匀长、自然。每天打坐 10 分钟即可。

思考题

1. 常见的错误坐姿有哪些?

2. 科学坐姿有哪些具体的内容?

七、睡姿也有小门道，一觉醒来百病消

对于罪犯来讲，睡眠时间非常规律，按道理来说是有助于健康的，实际上不尽然。睡眠时间可以规定，但睡姿就不同了，一个人可以有一种或者多种睡姿，但睡姿正确与否也会影响我们的健康，这里面就大有讲究了。很多罪犯认为，睡觉只要舒服就行了，不用太在意睡姿，这个不完全正确，实际上选择睡姿要因人而异。

战国时期，宋国有个名医叫作文挚，齐威王慕名向他询问养生之道。

他们的对话很有趣。

齐威王说："我久仰先生你的养生之道，我现在继承王位，国事繁忙，没时间听长篇大论，麻烦你将养生保健的要点，用三言两语概括地给我讲一下吧。"

文挚回答说："我编写了有关养生之道的文章三百篇，其中，睡眠放在头等重要的地位。人和动物只有依靠睡眠才生长，睡眠帮助脾胃消化食物，所以，睡眠是养生的第一大补。如果一个晚上不睡觉，带来的损失一百天也难以恢复。"

根据这个小故事，我们可以知道睡眠的重要性。那有人会问了："既然这样，那我就不停地睡不就成了？"这个想法可不对，睡眠要讲质量而不是时长，而影响睡眠质量的主要因素之一就是睡姿。

那么，哪些睡姿是正确的呢？实际上睡姿的问题，因人而异，不同的人，应选择不同的睡姿。

第一种：仰卧，也就是身体仰面朝上正睡。

这是医生向人们推荐的正常睡姿。优点是仰卧时身体脏腑器官不会受到压迫；缺点是可能导致舌根下坠，阻塞呼吸，不适合过于肥胖、打鼾或者有呼吸道疾病的人。

第二种：俯卧，也就是趴着睡。

这种情况类似胎儿在母体的原始睡姿，给人一种安全感，类似鸵鸟的姿态，同时口鼻朝下，有助于口腔异物的排出。缺点是身体匍匐弯曲，可能压迫心脏和肺部，影响呼吸，患有心脏病、高血压、脑血栓的人不宜选择俯卧。另外脖子会扭向一侧，可能引起颈椎病。

第三种：左侧卧。

由于人体心脏位于身体左侧，左侧卧会压迫心脏，所以它是一种不太健康的睡姿，正常情况下不会建议这样睡觉。睡的话，时间也不宜太久，需要适当翻身。

第四种：右侧卧。

好处是不会压迫心脏，缺点是可能影响右侧肺部运动，不适合肺气肿的患者。

另外，当你颈椎不好的时候，建议正睡，不要侧睡。如果腰不好的人，尽量要侧睡，哪一边舒服朝哪一边睡。有人说左侧睡会压迫心脏，不好。所以，侧睡的另一个原则就是要换着睡。无论腰椎好不好，长期一边睡，胸椎就容易弯掉，所以要换着睡。

那么新的矛盾就来了，如果颈椎、腰椎都不好，怎么办？那就要正睡，同时膝盖垫高，通常可以选择一个枕头放在膝盖下面，膝枕的厚度、高度标准，应当是你睡的枕头的两倍高度。注意，枕头是放在膝盖下面，不是大腿也不是小腿。

所以，大家根据自己的实际情况，选择合适的睡姿，经过一晚上的新陈代谢，第二天早晨起来你一定神清气爽，可以精神奕奕地迎接新的一天了。

说到这里，行走坐卧的问题已经谈得差不多了，希望大家把健康的睡姿养成一种习惯，这些习惯一旦养成，便可受益终身，既不用花钱，也不用花时间，比任何一种药物、补品都来得有效、长久，称得上是最划得来的保健良方。

思考题

正确的睡姿有哪些？

八、直立行走脊椎伤，趴爬跪躺得解放

对于部分罪犯而言，被大山般沉重的"良心债"压得喘不过气来。这时候应该怎么办？在这里教大家一种反省方式——跪下来为自己曾经做错的事道歉。这种方法可一举两得，首先，是心灵得到了反省，为堂堂正正地做人打下基础。其次，跪地是一种非常好的养生方式，不仅是跪地，趴着、躺下也都具有减轻脊椎负担的功效。那么，这些方法为什么能够起到这样的作用呢？

古希腊神话中有这样一则故事：有一个叫作斯芬克斯的女怪物，她狮身人面，喜欢出谜语和吃人肉，埃及法老胡夫陵墓前的雕塑就是以她为原型塑造的。斯芬克斯守在一条狭隘的小道上，向南来北往的人出谜语，答出了就可以过去，答不出就要被吃掉。她有一个经典的谜语："什么动物小时候四条腿，长大后两条腿，老了三条腿？"

这个谜语难住了很多人，直到有一天，一个叫作俄狄浦斯的年轻人从那里经过，他答出了谜底：人。斯芬克斯见到人类的智慧已经超过了自己，大惊失色，羞愧得跳崖自尽了。

那么人为什么小时候四肢爬行，长大后两条腿行走，而老了后又需要拐杖帮助支撑身体呢？其原因大家都已经猜到是我们生命的支柱——脊椎的生长、发育和衰老决定的。从这个小小的谜语，我们不难看出脊椎对人身体的重要意义，可以说脊椎的状态决定了我们的生老病死。只有掌握脊椎活动的客观规律，才可能调整我们生老病死的周期和节律。

直立行走是人的基本特征。直立行走是兽变人的过程中质的飞跃，它使人实现了手脚分工，并最终脱离动物界而成为万物之灵，在进化史上具有划时代的意义，然而直立行走却给我们的脊椎埋下了脆弱的一环。

类人猿时代，人体的脊椎是横躺着的、水平的，而直立人时代，人的脊椎是竖起来的、纵向的，动物的"脊梁"变成了人的"脊柱"，受力方式由脊梁的平均下垂式，转变为脊柱的叠加下挫式。很显然，人即使在静止的状态下，脊椎受到的压力也比爬行时代大了很多倍，而运动的过程中，竖起来的脊椎比横着的脊梁更容易出毛病。

针对这个生理特点，可以知道脊椎养生的一个简单方法，就是经常把你的脊椎放平，减少脊柱的压力，如睡觉、匍匐、爬行。把你生命中 1/3 的时间，也就是每天 8 小时的睡眠照顾好了，就是对脊椎的呵护。

实际上每当腰酸背痛的时候，想到的第一件事情就是躺下来休息，而躺下来以后，脊椎压力就变小，身体得到放松，疼痛也缓解很多。所以，当你的脊椎开始难受的时候，一定要保持一定的休息时间。

生活在青藏高原上的人们，生活淳朴，长期缺医少药，却人人拥有一副强健的体魄，他们治病的一个主要方式居然是长年累月地磕长头，一路磕到布达拉宫去，到了以后又围着布达拉宫磕上几圈。

磕长头当然不能包治百病，但实际上这种方式对于脊椎养生是很有效的。我们来看磕长头的姿势，弯腰、趴下去、放平身体，然后躬身缩进、慢慢站起来，这一起一伏的过程就相当于把我们脊椎的进化过程循环一圈。如此循环往复，自然有利于形成一个强健的脊椎。

据说，佛祖对前来求助的信徒说：你放下了吗？佛祖所说的"放下"是一个很广泛、很彻底的概念，从肉体到灵魂，从生理到心理都要放下，所以其中也应当可以包括放平我们的脊椎。所谓五体投地的膜拜不正是彻底放下我们的脊椎吗？由此想来许多宗教之所以能够保持朝拜、礼拜、沐浴、斋戒的习俗几千年不变，或许就是因为和人的身心健康分不开的。

思考题

哪些习惯可以让脊椎免受伤害？

九、要知药是纸包枪，向来杀人不见伤

生病了怎样办？众口一词的答案是"吃药打针输液"。其实我们的用药习惯很多是不科学、不合理的。作为罪犯来讲，尽管看病并不需要花钱，但从健康的角度来看，也要考虑究竟需不需要用药的问题。

用药的危害，首先体现在毒副作用上，中医里有句话叫"是药三分毒"，药字和"钥"同音，同音就同源。门打不开了，找师傅配把钥匙。好的师傅钥匙配得特别好，捅进去门就开了。如果门开得好好的，没事瞎捅，可能就会把一个很好的门捅坏了。所以用药一定要在医生的指导下对症下药，不能只凭某一个症状和以往的用药经验就随便用药。如果不分青红皂白就用药，很可能掩盖疾病的"元凶"，贻误病情。

总之，一定要根据病情来选择给药方式和治疗方式，用牛刀杀鸡和用"堂吉诃德去和风车作战"式的医疗态度都是不可取的。

思考题

抗生素怎么用？

十、女性更须高重视，健康卫生讲习惯

每个女人自使用卫生巾开始，有卫生巾陪伴的时间超过 30 年，所以卫生巾就像女人的第二层肌肤一样，是女人一生中最长久的"好朋友"。有调查数据显示，约有 73% 的女性会在经期感到皮肤不适，而导致不适的原因之一，就是卫生用品的质量不达标和使用不当。所以，如何选择和使用卫生巾，是每个女人的必修课。

如何来选择和使用卫生巾呢？说到卫生巾的选择，也许有人觉得功能差不多，"长相"也没什么区别，没什么好选的，实际上这些观念都是错误的。选择卫生巾，需注意以下几个方面。

1. 选购时应先查看产品标识，并尽可能选择近期生产的产品

卫生巾外包装应该有卫生许可证、生产日期、保质期或有效期、执行的标准编号、生产厂家的名称和地址等信息。特别要看清楚生产日期和保质期，卫生巾也有保质期，过期的卫生巾有健康隐患。

2. 选择适合自己的

目前卫生巾的种类很多，有棉面、网面，还有香型及药物卫生巾等，要根据自己的使用实际感受来挑选最适合自己的卫生巾。尽量选择自己常用的、没有引起过不良反应的卫生巾。一般棉面的卫生巾不容易引起过敏，皮肤过敏的女性最好选用棉面的卫生巾。

3. 根据经期阶段选择不同型号的卫生巾

一般女性的经期可分为三个阶段，可根据这三个阶段选择使用不同的卫生巾。月经量大时，白天用护翼型，晚间用夜用型；平时可使用标准型；月经前后使用超薄型或卫生护垫。这种搭配选择一方面是为了安全、舒适，另一方面是为了节省经期费用。

下面，我们再来介绍如何使用卫生巾。

说到卫生巾的使用，现在有不少女士"派生"了卫生巾的功能，

用它来干什么呢？——当清洁用品使用，特别是白带过多的女性，极为普遍。非经期使用卫生巾好不好呢？实际上非常不好。

首先大家来看外阴的位置，它介于两股之间，非常不透气，又湿又热。周边环境也非常不好，前有尿道和阴道开口，后有肛门，容易受尿渍和粪便残渣污染，而外阴湿热的环境又为粪便残渣中细菌的生长繁殖提供了有利条件，所以在这个又湿又热的地方再加上一条湿湿的棉纸，将外阴部前后兜住，其通气、散热更困难，导致局部湿热进一步加剧，更有利于细菌生长繁殖，引起外阴、阴道炎症。所以如果出现白带过多，正确的办法就是及时就诊，寻找原因，然后针对病因，进行有效治疗。

除了不要"派生"卫生巾的功能，使用卫生巾时，还需要注意以下几点：

1. 勤换

阴部的皮肤非常娇嫩，它需要一个非常透气的环境。如果封得太严实，湿气聚集，就容易滋生病菌，造成各种健康问题。

许多女性喜欢选择大吸湿量的卫生巾，觉得这样可以不用经常更换，省去许多麻烦。但实际上长时间不更换的卫生巾，局部积存的经血使湿度大大提高，局部通风透气性差，对细菌繁衍更有利，容易造成细菌感染。所以卫生巾一定要勤更换，一般2~3小时更换一次，夏季则不应超过2小时。

2. 用前洗手

大家都知道饭前便后要洗手，但有的人在使用卫生巾之前没有洗手的习惯，这样用手将卫生巾拆封、打开、抚平粘贴的过程会把大量的病菌带到卫生巾上，容易造成细菌感染。

3. 慎用药物或含香味卫生巾

过敏体质的女性尤其要慎重使用。卫生巾过敏可能有两种原因：一是患者本身皮肤敏感，通常是由于我们的体质问题。如现在很多卫生巾是网面的，网面是由纤维制成的，一部分人可能会过敏。二是有些商家推出了香味卫生巾、药物卫生巾，这些卫生巾里因添加了不同类型的药物、香精或添加剂，可能会引起皮肤过敏等症状。另外，如果在皮肤破损的情况下使用这类卫生巾，也可使这些药物深入血液中，不仅引起泌尿生殖系统病变，还会引起其他组织器官的疾病。所以，最好少用药物或香味卫生巾。

思考题

1. 如何选择卫生巾？
2. 如何使用卫生巾？

十一、热爱劳动勤锻炼，增进健康益处多

适度的体力劳动不仅是谋生的手段，也是增进健康的重要途径。正如高尔基所言："我们世界上最美好的东西，都是由劳动、由人的聪明的手创造出来的。"劳动不仅创造了物质财富，更在无形中为我们的身心健康带来了诸多益处。现在，就让我们一起探索劳动的妙处，看看它以哪些方式增进我们的健康。

1. 增强体质，预防疾病发生

当你正忙着搬运一堆沉重的箱子时，你可能会感到很辛苦，但这种劳动实际上是对肌肉和骨骼的一种天然锻炼。其实，无论是搬运、挖掘还是其他形式的劳动，都能使身体的骨骼和肌肉得到锻炼，增强力量和耐力，促进骨骼健康，减少骨质疏松的发生。而且，你知道吗？劳动还能增强体质、提高免疫力，降低患心脑血管疾病、糖尿病等慢性病的风险。你每天进行的各种方式的劳动，都会让身体变得越来越强壮，越来越健康。所以，不妨把劳动当作一种预防疾病的方式，让你的身体在劳动中得到全面的保护。

2. 缓解压力，提升心理健康

劳动不仅对身体有益，还能显著提升心理健康。当你全神贯注地完成劳动任务时，你会发现自己的意志力和责任感也在悄然增强。而当你看到自己的劳动成果时，那种内心的成就感和满足感简直无法用言语来形容。这种正向的心理反馈能够缓解压力、减少焦虑和抑郁等负面情绪的发生。所以，不妨把劳动当作一种心理健康的提升方式，让你的心灵在劳动中得到滋养和成长。

3. 规律作息，养成良好生活习惯

热爱劳动还能帮助培养良好的生活习惯，养成规律的作息时间。每天早起后洗漱、整理内务、吃早饭、出工，这样健康整洁的生活习惯不

文化讲堂

生命在于运动。

——伏尔泰

仅有助于维持身体的健康状态，还能预防疾病的发生。所以，不妨把劳动当作一种生活方式，让你的生活更加健康、美好。

　　热爱劳动对增进健康具有多方面的益处。它不仅能够锻炼身体、提升心理健康水平，还能培养良好生活习惯并预防疾病。通过热爱劳动，可以享受健康生活的馈赠，让身心在劳动中得到滋养和成长。不仅如此，劳动还能带来更多的乐趣和成就感，让身心改造的生活变得更加充实和满足。

思考题

　　1. 为什么适度的体力劳动可以增强体质并预防疾病？

　　2. 劳动如何对心理健康产生积极影响？

十二、正念养生来放松，探索内心宁静处

正念养生，不仅是一种追求健康的方式，还是一场深入心灵、探寻内在宁静的奇妙旅程。它宛如一盏明灯，照亮找到内心平和与宁静的道路，通过一系列细腻而具体的练习方法，逐渐学会放慢脚步，用心去感受每一个当下的美好与丰盈。

赵先生就是正念养生实践的一个生动例证。他是一位长期受慢性背痛困扰的患者，他的生活曾经因为持续的疼痛而变得黯淡无光。自从他开始尝试正念养生的一系列练习后，他的生活发生了显著的变化。

他每天早晨进行正念行走，专注于脚下的每一步和身体的感受。他放慢脚步，让注意力完全集中在行走的过程中，感受脚底与地面的接触，体会每一步带来的微妙变化。

晚上，赵先生则进行身体扫描练习。他躺下或坐直，闭上眼睛，放松身体，从头部开始，逐一扫描身体的各个部位。这种练习让他能够深入地感受身体的每一个细微变化，从而更加了解自己的身体需求。

通过正念行走和身体扫描的练习，赵先生逐渐转移了对疼痛的注意力。他不再时刻关注着背部的疼痛，而是将注意力集中在身体的其他感受上。这种注意力的转移让他的身心得到了放松，也提高了身体的自我修复能力。同时赵先生努力保持一种积极、乐观的心态，相信自己的身体有能力康复。通过正面的自我暗示和鼓励，增强对疾病的抵抗力。随着时间的推移，他发现自己的慢性背痛得到了有效的缓解。

赵先生的故事告诉我们，正念养生不仅是一种身体层面的练习，还是一种心灵层面的修行。它教会我们如何放慢脚步，用心感受当下的美好；如何转移注意力，让身心得到放松；如何提高身体的自我修复能力，从而有效缓解慢性疼痛。

正念呼吸、正念行走、身体扫描和正念冥想等具体实践方法都是正

念养生的重要组成部分。通过练习，可以学会更加专注地活在当下，以更加平和、开放和接纳的态度去面对改造生活中的各种挑战和变化。

正念呼吸，是这场旅程的起点。找一个安静的地方，或坐或躺，让身体完全放松，闭上眼睛，仿佛与世隔绝。缓慢而深长地吸气，感受那清新的气息从鼻腔缓缓流入，穿越喉咙的温润，最终沉入腹部的深处。在这过程中，你仿佛能感觉到自己正在吸入一股股清新、宁静的能量，它们像温柔的抚触，安抚着你的每一个细胞。接着，缓慢呼气，感受气息从腹部缓缓升起，穿越喉咙，从鼻腔悠然呼出。呼气时，想象自己正在将一天的压力和疲惫都释放出去，如同卸下了沉重的负担，身心都变得轻盈起来。重复这个呼吸过程，每一次呼吸都将注意力集中在气息上，感受身体的放松和内心的平静，仿佛走进了一个没有纷扰的仙境。

正念行走，是这场旅程的延续。选择一个平坦的地方，站立，双脚平行，与肩同宽，让身体完全放松。缓慢地迈出一步，将注意力集中在脚底与地面的接触感上，感受脚底的每一个细微触感，仿佛与大地融为一体，每一步都踏出了深深的连接与归属感。继续行走，保持呼吸与行走的节奏相协调，每一次抬脚和落脚都尽量保持平稳和放松。在行走的过程中，你可以观察周围的环境，但尽量将注意力保持在行走和呼吸上，感受身体的移动和内心的平静，仿佛每一步都在走向更加宁静的自我。

身体扫描，是这场旅程中的一次深度放松与自我觉察。躺下或坐直，闭上眼睛，放松身体。从头部开始，逐一扫描身体的各个部位，你可以想象一道温暖的光芒从头部开始，照亮身体的每个部位。注意每个部位的感觉，包括紧张、放松、温暖、凉爽等，对这些感觉保持非评判性的觉察，不尝试改变它们的状态，只是静静地与它们同在。扫描完整个身体后，可以重复进行几次，每一次扫描都将注意力集中在身体的感觉上，感受身体的放松和内心的平静，仿佛你的身体正在逐渐融化在一片宁静的海洋中。

正念冥想，是这场旅程的巅峰体验。找一个安静的地方坐下，挺直脊柱，闭上眼睛。将注意力集中在呼吸上，或者选择一个固定的观察对象，如身体感觉、声音等。当注意力分散时，轻轻地将它带回到观察对象上，你可以想象自己正在用一个温柔的钩子将注意力勾回呼吸或观察对象上。保持开放、好奇和非评判性的态度，对当下的一切保持觉察。无论出现什么想法、情绪或身体感觉，都尽量以接纳和慈悲的态度去面对它们，仿佛你是一个温暖的怀抱，包容着所有的存在。冥想时间可以根据个人情况灵活调整，初学者可以从几分钟逐渐增加。在冥想结束后，感受内心的平静和放松，对冥想过程表示感激，仿佛你刚刚完成了一次心灵的洗礼。

这些正念养生的具体练习方法不仅有助于培养对当下的专注力和觉察力，还能减轻压力、改善情绪、提高生活质量。正念养生就是这样一场深入心灵的宁静之旅，在繁忙与喧嚣中找到属于自己的宁静之地，享受内心的平和与满足。在这场旅程中，学会与自己和解，与世界和解，最终找到那个宁静而真实的自我。

思考题

1. 什么是正念养生？
2. 正念冥想对提高生活质量有哪些帮助？

推荐书目

《开启健康新旅程：关乎现代人健康的十六个理念》，张备主编，中国中医药出版社 2020 年版。

推荐电影

《本草中国》（2016 年），干超执导。

第二篇
体质养生：人各有别辨证施养

世界上没有两片相同的树叶。同样地，世界上也没有完全相同的两个人。中医学的精华就是重视个体差异，从多方面对体质进行分类，把人的体质分成九种，阴虚、阳虚、气虚、痰湿、气郁、血瘀、湿热、特禀以及代表健康的平和体质，辨证施治。

那么，你知道你属于哪种体质类型吗？你知道你的这种类型的体质该怎么保养吗？

【阅读提示】

1. 掌握了不同体质的养生方法。
2. 了解了穴位按摩的养生功效。
3. 掌握综合调理的重要性。

一、畏寒怕冷、手足不温，阳虚体质按阳池

什么是阳虚呢？阳虚就是阳气不够，阳气不够就是动力不够。中医说，阳气，就是人体的太阳，是生命的根本。它具有温养全身组织、维护脏腑功能的作用。阳气要是不够就会出现生理活动减弱和衰退的现象，导致身体御寒能力下降。所以有句话叫"阳虚生外寒"，也就是说，阳虚的人，大多具有怕冷、畏寒的特点。不过需要指出的是，在天气很冷的时候，谁都畏寒，阳虚与否自然不能参考这个标准，但如果一年四季都存在畏寒现象，那就可能与阳虚有关了，我们可以据此判断自己的体质状况。

小林由于工作需要，平时经常要和客户打交道，但是，每次公司来了客户她都不好意思和人家握手，原因就是她的手脚总是冰凉冰凉的。哪怕是待在暖气特别足的办公室里，身上暖和了，手和脚还跟掉进了冰窟窿一样，遇到打字、写东西的情形别提有多痛苦了。后来她在公司说这件事，结果很多同事有这样的情况！即使是穿上厚厚的羽绒服，仍然无济于事。要知道，体温是生命力的象征，手脚冰冷可不是什么好事。如果你也是他们当中的一员，那你极有可能属于阳虚这种体质类型。

阳虚体质的判断，大致有这几点。

总体特征：阳气不足，以畏寒怕冷、手足不温等虚寒表现为主要特征。

形体特征：肌肉松软不实。

常见表现：平素畏冷，手足不温，喜热饮食，精神不振，舌淡胖嫩，脉沉迟。

心理特征：性格多沉静、内向。

发病倾向：易患痰饮、肿胀、泄泻等病；感邪易从寒化。

对外界环境适应能力：耐夏不耐冬；易感风、寒、湿邪。

阳气不足怎么办？对于这类人而言，服刑期间可以有以下这样一些选择：

1. 按阳池穴

在我们的手背手腕上，顺着小指下来有个穴位，叫作阳池穴。这个穴位是手脚冰冷的克星，中医认为阳池穴是三焦经的原穴，和人的元气中的热能有关。何谓阳池？"阳"是指天上阳气；"池"是指囤物的器皿。该穴意指三焦经气血在此囤聚太阳热量后化为阳热之气。因此，经常刺激这个穴位，可以恢复三焦经的功能，并将热能传达到全身。

阳池穴的位置正好在手背间骨的集合部位。寻找的方法是先将手背往上翘，在手腕上会出现几道皱褶，在靠近手背那一侧的皱褶上按压，在中心处会找到一个压痛点，这个点就是阳池穴的所在。

刺激阳池穴，最好是慢慢地进行，时间要长，力度要缓。最好是两手齐用，先以一只手的中指按压另一手的阳池穴，再换过来用另一只手的中指按压这只手上的阳池穴。这种姿势可以自然地使力量由中指传到阳池穴内，还不用别人帮忙。

2. 按气海穴

"气海一穴暖全身"，意思是说气海穴有调整全身虚弱状态、增强免疫力的作用。气海穴在哪儿，怎么找呢？躺下后找到肚脐，在肚脐下1.5寸，大约二指宽的地方，和肚脐相对的这个点，这就是气海穴，用拇指或中指的指端来揉，揉的力量要适中，每天揉一次，每次1分钟~3分钟。如果非阳虚体质同样可以经常按摩气海穴，它可以强壮全身。

除此之外，还可按合谷穴、内关穴及足三里等穴位。如要加强脚的保暖，可按摩脚部的至阴穴和涌泉穴。按摩次数每天2~3次为宜，每次按压穴位各40~50次。

除以上两种养护方法之外，大家还需注意以下几个问题：

1. 精神调养

要善于调节自己的情感，去忧悲、防惊恐、和喜怒、消除不良情绪的影响。

2. 环境调摄

此种体质多形寒肢冷，喜暖怕凉，耐春夏不耐秋冬，所以阳虚体质者尤其应注意环境调摄，提高人体抵抗力。有人指出，若在夏季进行20~30 次日光浴，每次 15 分钟~20 分钟，所得的紫外线将能使用一年。

3. 加强体育锻炼

因为"动则生阳"，春夏秋冬，每天进行 1~2 次运动，具体项目因体力而定。

思考题

1. 阳虚体质的人有哪些表现？

2. 阳虚体质的人可按摩哪些穴位养生？

二、口燥咽干、手足心热，阴虚体质摩照海

什么是阴虚呢？阴虚实际上是指人体的阴气相对不足，在人体中津液属于"阴"的范畴，是有形的，并可以流动，能滋润和营养机体。除了津液，人体中的血液也属于"阴"的范畴，中医解释说"津血同源"，津液和血液有互相依存的关系，津液缺少了，会累及血液。而在中医看来，阴相当于水，而阳相当于火，水少了就有烧干锅的危险，所以阴虚的人，口舌干、皮肤干、大便干，并且有光吃不长肉的症状。

雯雯是一个很阳光的女孩子，可从两年前开始，身体就出现不适。说这种不适是疾病，似乎有些夸张，但它又确实给雯雯的生活带来了不小的影响。比如，一到月经快来的时候口腔就会长溃疡，严重的时候嘴巴里同时长7个，喝水都痛。另外，每天上大便的次数也偏多，虽然大便都不成形，但好像又算不上拉肚子。最让她烦恼的是脾气越来越火暴，时常烦躁不安，她最大的愿望就是能够尽快改变现在的状态。

王女士是一家外贸公司的老板，身形苗条，打扮入时，平时很爱讲话，性格爽朗。但最近王女士的身体开始出现了一些问题：眼睛常感到干涩，手心总出汗，湿漉漉的。到了晚上，睡眠质量特别不好，心里有一点事情就睡不好觉，有一点儿声音就睡不着。而且爱喝水，在公司里几乎是不停地喝，外出的时候也不得不带一大壶水，说几句话就要喝一口。更糟糕的是，她变得性情急躁爱发脾气，动不动就会情绪激动，把怒火发到员工、孩子身上，公司员工开始暗暗抱怨老板是不是到更年期了。

如果你也有类似的表现，则可能属于阴虚的体质类型。

阴虚体质的表现，主要有以下几点。

总体特征：阴液亏少，以口燥咽干、手足心热等虚热表现为主要特征。

形体特征：体形偏瘦。

常见表现：手足心热，口燥咽干，鼻微干，喜冷饮，大便干燥，舌

红少津，脉细数。

心理特征：性情急躁，外向好动，活泼。

发病倾向：易患虚劳、失精、不寐等病；感邪易从热化。

对外界环境适应能力：耐冬不耐夏；不耐受暑、热、燥邪。

阴虚体质者怎么保健呢？生活在监狱的罪犯们，可有以下几种选择：

1. 按摩照海穴

照海穴补一身之阴。这个穴位在人体的足内侧，内踝尖下方凹陷处。

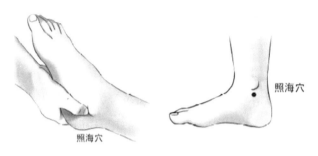

△ 照海穴

按摩照海穴，每天 2 次，每次 10 分钟，有滋补肾阴的作用。

2. 按摩太溪穴

太溪穴位于足内侧，内踝后方与脚跟骨筋腱之间的凹陷处。每天 2 次，每次 10 分钟。天气干燥的时候，按揉的时间应该长一些。"太溪"有滋补肾阴的作用，适用于阴虚体质偏于肾阴虚的人。

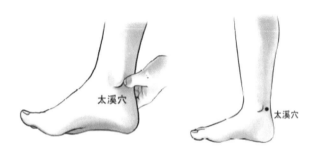

△ 太溪穴

3. 按摩三阴交

三阴交是肝、脾、肾三经的交会穴，补三经之阴，也就是补肝经、脾经及肾经之阴。它在我们的足内踝上 3 寸。先找到足内踝，就是足内侧鼓起来的骨头，然后紧贴这个骨头往上四个手指头的距离，四个手指另一侧对应的点就是三阴交。每天按摩 2 次，每次 5 分钟~6 分钟。孕妇忌按。

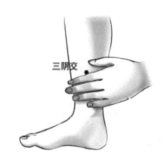

△ 三阴交

除此之外，阴虚体质的人需注意以下几点：

1. 精神调养

此体质之人性情较急躁，常常心烦易怒，所以在生活中，对非原则性问题，少与人争，以减少激怒，要少参加争胜负的文娱活动。

2. 环境调摄

此种人形体多瘦小，而瘦人多火，常手足心热，口咽干燥，畏热喜凉，冬寒易过，夏热难受，故在炎热的夏季应注意避暑。

3. 节制性欲

因为精属阴，阴虚者当护阴，而性生活太过可伤精，所以应节制性生活，注意减少手淫的频率。

思考题

1. 阴虚体质的人有哪些表现？

2. 阴虚体质的人可按摩哪些穴位养生？

三、气短懒言、容易疲乏，气虚体质养肾功

生活中，如果一个人的气长期处于低下的一种状态，就是气虚体质。气虚体质的经典表现是容易感觉累，说话有气无力，容易感冒，常感觉头晕、健忘，注意力不集中。气虚体质人的脸色缺乏光泽，目光缺乏神采。气虚体质就好像一辆动力不足的汽车，心有余而力不足，怎么开都开不快。由于气虚是一种较为常见的体质，因此当你发现自己，或者是身边的朋友出现上面这些症状时，可根据这本书所提供的方法给自己或身边的人提供点儿参考。

某位学生，小学、初中学习都不错，但是上高中以后，上课时总是不注意听讲，或者上课时趴在桌上睡觉，甚至下课了也趴在那里睡觉。妈妈还发现孩子在家时也表现得很懒散，每天回家把书包一放，就开始看电视，看电视时不是坐着，而是躺着。而且上高中之后，学习生活那么紧张，他竟然还发胖了。如果你有与这个学生相类似的症状，说明你在中医的体质判断上，大致属于气虚体质一类。

人的呼吸进出就是靠一口气，如果这口气提不上来，气短了，命就休矣，这也是我们常说的"气绝身亡"。但你知道气从何处来吗？表面上看，气是从口鼻的呼吸中来的，但中医认为，"人受气于谷，谷入于胃，以传与肺，五脏六腑，皆以受气"，这句话的意思是，人体内的气来源于我们吃进去的食物，脾胃将饮食化升为水谷精气后，又传给肺，再借助肺的输布功能将其布散至五脏六腑、四肢百骸，维持人体正常的生命活动。所以说"脾是生气之源""肺是主气之枢"。脾肺相对不足的人容易出现气虚。

气虚体质的判断标准大致上有以下几点。

总体特征：元气不足，以疲乏、气短、自汗等气虚表现为主要特征。

形体特征：肌肉松软不实。

常见表现：平素语音低弱，气短懒言，容易疲乏，精神不振，易出汗，舌淡红，舌边有齿痕，脉弱。

心理特征：性格内向不喜冒险。

发病倾向：易患感冒、内脏下垂等病；病后康复缓慢。

对外界环境适应能力：不耐受风、寒、暑、湿邪。

服刑期间的气虚体质者建议你选择下面这些养生方式：

1. 宜做养肾功，具体做法如下

（1）屈肘上举：端坐，两腿自然分开，双手屈肘侧举，手指伸直向上，与两耳平，然后双手上举，以两肋部感觉有所牵动为度，随即复原，可连做10次。本动作对气短、吸气困难者，有缓解作用。

（2）抛空：端坐，左臂自然屈肘，置于腿上，右臂屈肘，手掌向上，做抛物动作3~5次，然后，右臂放于腿上，左手做抛空动作，与右手动作相同，每日可做5遍。

（3）荡腿：端坐，两脚自然下垂，先慢慢左右转动身体3次，然后两脚悬空，前后摆动10余次。本动作可以活动腰、膝，具有益肾强腰的功效。

（4）摩腰：端坐，宽衣，将腰带松开，双手相搓，以略觉发热为度，再将双手置于腰间，上下搓摩腰部，直至腰部感觉发热为止。搓摩腰部实际上是对腰部命门穴、肾俞、气海俞、大肠俞等穴的自我按摩，而这些穴位大多与肾脏有关。待搓至发热时，可起到改善气虚的作用。

2. 宜按摩下列穴位

（1）膻中穴：膻中穴是培补心肺之气的一个重要穴位。位于双乳连线的中点，是胸腔上部气态物汇集而成，因此称为气会。每天用大拇指或中指按压一次，每次15分钟，每分钟按压15次。适合气虚体质偏心肺气虚的人。

（2）足三里：足三里是"足阳明胃经"的主要穴位之一，是一个培补元气的大穴。现代医学发现按摩足三里有调节机体免疫力、增强抗病能力的作用。足三里的主要作用是调理脾胃、补中益气。"三里"是指理上、理中、理下。胃在肚腹的上部，胃胀、胃肠疼痛的时候就要"理上"。按足三里时要同时往上方使劲儿；腹部正中出现不适，需"理中"只要往内按就行了；腹部下部为小腹，当疼痛时按压足三里并向下用力，这称为"理下"。

（3）阴谷穴：阴谷穴为人体足少阴肾经上的重要穴位之一，不但可以补肾气，而且指压该穴，对于治疗多汗也非常有效。对于气虚体质偏于肾虚者，可以选用阴谷穴。按摩时要一面缓缓吐气，左右同时用力按压穴位 10 秒钟，至轻微发痛的程度为止。每天30 次。

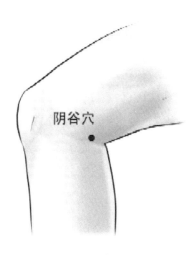

△ 阴谷穴

气虚体质的人，还需注意以下几点：

1. 生活起居

起居宜有规律，夏季午间应适当休息，保持充足睡眠。平时注意保暖，避免劳动或激烈运动时出汗受风。不要过于劳作，以免损伤正气。

2. 运动

可做一些柔缓的运动，如散步、做操等，并持之以恒。忌用猛力或做长久憋气的动作。

思考题

1. 气虚体质的人有哪些表现？

2. 气虚体质的人可按摩哪些穴位养生？

四、胸闷痰多、腹部肥满，痰湿体质按丰隆

什么是痰湿体质，在生活中，有很多疾病在透露与痰湿体质相关的信息。比如，我们经常说的"富贵病"——糖尿病。不仅是糖尿病，只要体征表现为痰多、脸色差、肚子大、脸色发暗等，可能都是痰湿体质的原因。除此之外，痰湿还表现为浑身发沉无力倦怠，爱睡觉的症状。就好像没拧干的湿衣服，浑身沉甸甸的提不起精神等。

张大爷一向为人温和恭谦，心宽体胖，是典型的老好人，还喜欢甜食。但是最近他的脸上有些发黄、发胖还比较油，眼泡易浮肿，很容易出汗，而且汗很黏。总是觉得困倦，还会胸闷、痰多。大便比较软散，小便微浊。特别在梅雨潮湿天气，会觉得周身不爽，总是"黏溻溻"的。如果你和张大爷一样有这些明显的症状，那么你的体质类型就属于中医里面的痰湿体质。

通过下面的小测试可大致判断自己是否属于痰湿体质。

总体特征：痰湿凝聚，以形体肥胖、腹部肥满、口黏苔腻等痰湿表现为主要特征。

形体特征：体形肥胖，腹部肥满松软。

常见表现：面部皮肤油脂较多，多汗且黏，胸闷，痰多，口黏腻或发甜，喜食肥甘甜黏，苔腻，脉滑。

心理特征：性格偏温和、稳重，多善于忍耐。

发病倾向：易患消渴、中风、胸痹等病。

对外界环境适应能力：对梅雨季节及湿重环境适应能力差。

对痰湿体质的你，监狱内的养生有下面这样一些方法：

1. 按摩丰隆穴

丰隆穴不但能祛湿，还能减肥。

"丰隆"是一个象声词，假借轰隆打雷的声音，按摩这个穴位能够

把脾胃上的浊湿像打雷下雨一样排出去。这个穴位应这样找：从腿的外侧找到膝眼和外踝尖这两个点，连成一条线，然后取这条线的中点，接下来找到腿上的胫骨，胫骨前缘外侧 1.5 寸，大约是两指的宽度，和刚才那个中点平齐，就对了，这个地方就是丰隆穴，每天按压 1 分钟~3 分钟，坚持按摩，祛除体内的湿气，你会越来越精神。

2. 按摩条口穴

条口属于足阳明胃经穴，在小腿前外侧，外膝眼下 8 寸，距胫骨前缘一中指。可用拇指或中指按揉 3 分钟左右，以局部酸胀为宜。

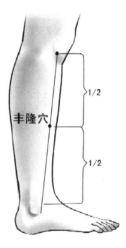

1/2

1/2

丰隆穴

△ 丰隆穴

3. 按摩其他穴位

中脘、水分、神阙、关元、阴陵泉、足三里、脾俞、三焦俞等穴这些穴位可以轮换地配合使用。

痰湿体质的人，还需注意以下几点：

1. 环境

不宜居住在湿润的环境里；在阴雨季节，要注意湿邪的侵袭。

2. 运动

痰湿体质，多形体肥胖，身重易倦，故应长期保持体育锻炼，慢跑、球类运动均可选择。活动量应逐渐加强，让疏松的皮肉逐渐变成硬朗、致密之肌肉。

思考题

1. 痰湿体质的人有哪些表现？

2. 痰湿体质的人可按摩哪些穴位养生？

五、神情抑郁、烦闷不乐，气郁体质找气海

什么叫气郁呢？中医说"百病皆由气而生"，爱生气这种坏情绪可不是什么好现象。生气、心情不舒畅就是我们说的"气儿不顺"，长期郁积就形成了气郁体质。气郁体质的人形体瘦者为多；性格内向不稳定、忧郁脆弱、敏感多疑，对精神刺激适应能力较差，平素忧郁面貌，神情多烦闷不乐。这种气郁体质的人，容易悲悲戚戚，容易冥想不断，容易叹气，容易心口堵等。

张小姐是现代的"林妹妹"，总是莫名其妙地多愁善感、忧郁脆弱，食欲也差，睡眠一直不好，很难入睡，入睡以后也睡得很浅，一点点小动静就会把她惊醒，所以她一直都胖不起来。感到疲惫的时候，常常觉得胸口胀闷，在经前有明显的乳房胀痛感，甚至还会觉得走路的时候肋骨部位发痛。这种体质属于中医里面的气郁体质。

气郁特质的特征主要有以下几点。

总体特征：气机郁滞，以神情抑郁、忧虑脆弱等气郁表现为主要特征。

形体特征：形体瘦者为多。

常见表现：神情抑郁，情感脆弱，烦闷不乐，舌淡红，苔薄白，脉弦。

心理特征：性格内向不稳定、敏感多虑。

发病倾向：易患脏躁、梅核气、百合病及郁症等。

对外界环境适应能力：对精神刺激适应能力较差；不适应阴雨天气。

气郁体质者，养生方式有以下几种：

1. 按摩气海穴

肚脐下量二横指即为气海，气海穴有舒畅气机的作用。而且气海穴

是生发阳气的，阳气充足，阳气充润上升，有滋养清窍的功效。所以气海穴特别适合气郁体质偏于气机郁滞在上焦的人。

2. 按摩阳陵泉穴

阳陵泉是胆经上的一个穴位，有疏肝利胆的作用，对于气机不畅的胸肋胀痛最适宜，每天拨动阳陵泉 3 次，每次 15 分钟。若同时敲胆经，点肝经上的太冲、曲泉穴，疏肝理气的效果更好。

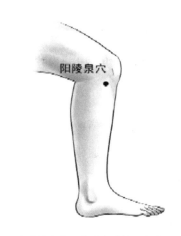

△ 坐在地板上，单腿弯膝另一条腿注意伸直。双手抱着弯膝的腿，屈膝后，胫骨内踝下缘凹陷处为阳陵泉

3. 按摩涌泉穴

涌泉穴在肾经上，是肾经的首穴，所以气郁体质偏于气机郁滞在下焦的人，可以经常按摩这个穴位。

气郁体质的人，还需注意以下几点：

1. 情志

此种人性情内向，神色常处于抑郁状况，依据《内经》"喜胜忧"的原则，应自动追求快活，多参加集体文娱活动。

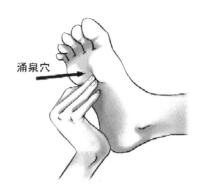

△ 涌泉穴在足心凹陷处，卷足心时，足底会出现一个明显的人字形沟，涌泉穴就在人字形沟的顶点

2. 运动

多参加体育锻炼活动，可调畅气机流通气血。

思考题

1. 气郁体质的人有哪些表现？

2. 气郁体质的人可按摩哪些穴位养生？

六、肤色晦暗、舌质紫暗，血瘀体质三阴交

血瘀就是指血液瘀阻不通，血液瘀阻不通的人就属于血瘀体质，中医有一句话是通则不痛，痛则不通。如果血管瘀阻不通，血管不通，就会出现了一些坏死细胞，排不出去，堵住之后，表现在外的就是斑点，所以说老年斑并不是什么长寿的标志，而是瘀血的代名词。那些斑时间长了就会越变越大，其实不是它长大了，而是坏死的细胞在不断地堆积，越堆越多，它堆积之后会堵塞经络，堵塞血管。就如我们经常见到的堵车，本来是一辆车堵住了，开走它就没事了，但是因为前面一辆车堵住了，后面的跟着都塞住了。所以血瘀体质是一种危险体质，如果不加调理，任其继续发展下去，容易患出血、中风等疾病。

沈女士脸色一直不好看，面色晦暗、皮肤偏暗、色素沉着，还经常有瘀斑，并且容易疼痛，眼眶暗黑，嘴唇暗淡，舌质暗有瘀点或片状瘀斑，舌下静脉曲张，如果你和沈女士一样，有类似的症状，那你的体质类型，应该就是血瘀体质了。

血瘀体质的特征主要有如下几点。

总体特征：血行不畅，以肤色晦暗、舌质紫暗等血瘀表现为主要特征。

形体特征：胖瘦均见。

常见表现：肤色晦暗，色素沉着，容易出现瘀斑，口唇暗淡，舌暗或有瘀点，舌下络脉紫暗或增粗，脉涩。

心理特征：易烦，健忘。

发病倾向：易患癥瘕及痛症、血症等。

对外界环境适应能力：不耐受寒邪。

血瘀体质者，可采用下面这些方式养生：

1. 按摩三阴交穴

中医养生的最高境界就在于一个"通"字，经络血脉要通达；运化排泄要通顺；心情气志要通畅。一个"通"字决定了我们的健康。

我想再教大家一个改善瘀血体质的方法，打通瘀阻的穴位，这个穴位叫三阴交，用拇指或者是中指指端来按揉，每次 1 分钟~3 分钟。三阴交是足太阴脾经的穴位，几乎所有的妇科疾病，比如说，痛经、月经不调、崩中漏下等，都可以来按摩三阴交穴，来进行辅助治疗，即便是健康的你也可以经常按摩三阴交穴，久而久之，整个人也会变得精神漂亮起来的。

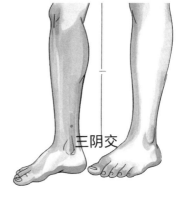

△ 三阴交

2. 按摩神阙穴

神阙穴就是肚脐，每晚睡前空腹，将双手搓热，双手左下右上叠放于肚脐，顺时针揉转，每次 10 分钟。还可以用聚气法：端坐，放松，微闭眼，用右手对着神阙空转，意念将宇宙中的真气能量向脐中聚集，以感觉温热为度。

血瘀体质的人，还需注意以下几点：

1. 起居

作息时间宜有规律，保持足够的睡眠，可早睡早起多锻炼，不可过于安逸，以免气机瘀滞而致血行不畅。

2. 运动

可进行一些有助于促进气血运行的运动项目，如各种舞蹈、步行健身法、徒手健身操等。血瘀体质的人在运动时如出现胸闷、呼吸困难、脉搏显著加快等不适症状，应停止运动，去医院做进一步检查。

3. 精力

血瘀体质在精神调养上要培育乐观的情感。精神高兴则气血和畅，营卫流通，有利血瘀体质的改良。反之，苦闷、愁闷则可加重血瘀倾向。

思考题

1. 血瘀体质的人有哪些表现？

2. 血瘀体质的人可按摩哪些穴位养生？

七、面垢油光、易生痤疮，湿热体质求曲池

常听人说，这天气是桑拿天，湿热，太难受了，怎么人体也湿热呢？其实人体湿热也不是什么好现象。那么"湿"是什么？"湿"就是水分太多，人体湿就是指体内有多余的水分排不出去，就会产生湿，而湿和热常常是相生相伴，所以容易形成湿热体质。

对于湿热体质的人来说，湿热停留在哪个部位，哪个部位就会出现相应的麻烦：如果湿热停留在关节筋脉就会出现局部肿痛；如果是在脾胃就会腹胀，恶心不喜欢吃饭；如果在肝胆就会出现肝区胀痛或者是皮肤、眼睛发黄；如果要是在大肠就会出现腹痛腹泻。如果湿热体质的人要是再加上体型偏肥胖，往往就有患糖尿病、高血压的危险。

钟先生体形有些胖，总是油光满面，看起来不清爽，而且很容易生粉刺痘痘，行动起来也比较缓慢，心气却很急躁，容易发火。常常觉得嘴巴里发苦、口干，舌苔发黄还很腻。吃东西喜欢口味重的，爱吃辣，但是吃了辣又容易上火，眼睛里出现红筋，还会便秘。如果你和钟先生一样，则可能属于中医体质里面的湿热类型。

湿热体质者主要有以下几点特征。

总体特征：湿热内蕴，以面垢油光、口苦、苔黄腻等湿热表现为主要特征。

形体特征：形体中等或偏瘦。

常见表现：面垢油光，易生痤疮，口苦口干，身重困倦，大便黏滞不畅或燥结，小便短黄，男性易阴囊潮湿，女性易带下增多，舌质偏红，苔黄腻，脉滑数。

心理特征：容易心烦急躁。

发病倾向：易患疮疖、黄疸、热淋等病。

对外界环境适应能力：对夏末秋初湿热气候，湿重或气温偏高环境

较难适应。

湿热体质者可选择以下几种养生方式：

1. 按摩曲池穴

经常按摩曲池穴，可以起到疏风解表、清热利湿的作用，怎么找曲池穴？先把肘部弯曲，找到肘部最突出的那个骨头，然后再找到弯曲处的这个点，突出的那个骨头和这个点之间的中间点就是曲池穴，按压它的时候有一种酸痛感，按压时可以用拇指或者是中指

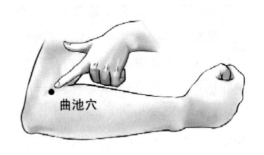

△ 曲肘，横纹的尽处即为曲池穴

指端来按揉，每次 1 分钟~3 分钟，每日按摩 1~2 次。这样做有助于改善湿热体质。

2. 按摩肺俞穴

湿热体质偏于湿热内蕴，表现为痤疮、口臭的可以选用肺俞穴。肺俞穴中的肺就是指肺脏，俞就是输的意思。所以，肺俞这个名字的意思就是指肺脏的湿热水汽由此外输膀胱经。肺俞位于背部第三胸椎棘突下左右旁开二指宽处。取穴时一般采用正坐或俯卧姿势，对清

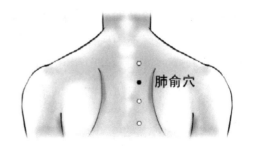

△ 肺俞穴位于背部，当第三胸椎棘突下，左右旁开二指宽处

肺经的湿热疗效显著。操作时，用食、中二指端在穴上按揉，揉 15~30 次，用两手大拇指腹自肺俞穴沿肩胛骨后缘向下分推，分推 30~50 次。

3. 按摩八髎穴

八髎穴在骶椎上，分上髎、次髎、中髎和下髎，左右共 8 个穴位，

分别在第一、二、三、四骶后孔中，合称"八穴"。八髎穴有清热利湿的作用，可每天按摩2次，每次15分钟，对于湿热体质偏于湿热下注的人比较适合。

4. 按摩中脘、足三里穴、阴陵泉等

这些穴位可以和胃健脾，促进脾胃运化水湿，阴陵泉还是脾经的合穴，可以健脾除湿，比较适合湿热体质的人进行按摩。

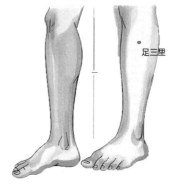

△ 足三里

湿热体质者，还需注意以下两点：

1. 起居

居住环境宜干燥，通风。

2. 运动

适合做大强度、大运动量的锻炼，如各种球类运动等。夏天由于气温高、湿度大，最好选择在清晨或傍晚较凉爽时锻炼。

思考题

1. 湿热体质的人有哪些表现？
2. 湿热体质的人可按摩哪些穴位养生？

八、咽痒鼻塞、容易过敏，特禀体质按迎香

在我们的身边经常会有这样一些人，他们看似常人却又不同于常人：一年四季身体也算不错，就是喷嚏打个不停，鼻涕流个不停；大地回春、百花齐放的春天，症状就更加严重，鼻涕和眼泪一大把……这样的人群的共同特点就是平时和常人一样生活、工作，只是一旦遇到特定物质就会迅速有反应。而且同样的过敏原所产生的症状差不多，一般只因个人体质不同而有程度上的差别，中医将这种会对特定物质产生特殊反应的体质称为特禀体质。

王小姐每到春天花粉季节总是发生皮肤瘙痒、起红疹等过敏现象，非常难受。经过专家诊断为特禀体质，建议用消风散调理。如果你像王小姐一样，经常出现过敏的症状，那可大致判断你为体质里面最为特殊的一种类型——特禀体质。

特禀体质的特征主要有以下几点。

总体特征：先天失常，以生理缺陷、过敏反应等为主要特征。

形体特征：特禀体质者一般无特殊形体特征；先天禀赋异常者或有畸形，或有生理缺陷。

常见表现：特禀体质者常见哮喘、风团、咽痒、鼻塞、喷嚏等；患遗传性疾病者有垂直遗传、先天性、家族性特征；患胎传性疾病者具有母体影响胎儿个体生长发育及相关疾病特征。

心理特征：随禀质不同情况各异。

发病倾向：特禀体质者易患哮喘、荨麻疹、花粉症及药物过敏等；遗传性疾病如血友病、先天愚型等；胎传性疾病如五迟（立迟、行迟、发迟、齿迟和语迟）、五软（头软、项软、手足软、肌肉软、口软）、解颅、胎惊等。

对外界环境适应能力：适应能力差，如特禀体质者对易致过敏季节

适应能力差，易引发宿疾。

特禀体质者有哪些养生方法呢?

1. 按揉迎香穴

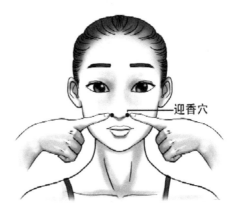

△ 迎香穴在鼻翼外缘中点旁，鼻唇沟中

常言道："不闻香臭取迎香"，意思就是说，鼻子不通气，鼻塞，分辨不出气味的时候，你首先就要想到这个跟鼻子有关的穴位，即迎香穴，在鼻翼外缘中点旁，鼻唇沟中，这就是迎香穴。每次按揉 100 下。

2. 按摩其他穴位

还可选择按摩曲池、血海、三阴交、肺俞、中脘、神阙等穴位辅助治疗。

思考题

1. 特禀体质的人有哪些表现?

2. 特禀体质的人可按摩哪些穴位养生?

推荐书目

《九种体质使用手册》，王琦，中国中医药出版社 2012 年版。

推荐电影

《中华医药》系列特别节目《国医奇术》(2013 年)，CCTV-4 中文国际频道。

第三篇
脏腑保健：善养生者必养脏腑

　　"五脏六腑"是人体内脏的总称。"五脏"指人的心、肝、脾、肺、肾；"腑"指小肠、胆、胃、大肠、膀胱等分别和五个脏相对应的五个腑；中医还把装载着五脏五腑的胸腔和腹腔这个"大容器"也列为"腑"，称为"三焦"。这些脏腑各司其职，有"帅"有"将"，有"官"有"兵"，有"主"有"从"；正是这些组织器官一起构建了我们身体这个"王国"。因此，中医无论养生保健还是治病疗疾，几乎都是围绕"脏腑"展开的。

【阅读提示】

1. 掌握脏腑在养生中的作用。
2. 了解各脏腑的功能。
3. 掌握脏腑保健的多样化方法。

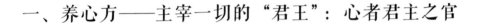

一、养心方——主宰一切的"君王"：心者君主之官

有一个富翁得了重病，已经无药可救，而唯一的独生子又远在异乡。他知道自己死期将近，但又害怕贪婪的仆人侵占财产，便立下了一份令人不解的遗嘱："我的儿子仅可从财产中先选择一项，其余的皆送给我的仆人。"富翁死后，仆人便欢欢喜喜地拿着遗嘱去寻找主人的儿子。

富翁的儿子看完了遗嘱，想了一想就对仆人说："我决定选择一样，就是你。"这位聪明儿子立刻得到了父亲所有的财产。

这个故事说明了"射人先射马，擒贼先擒王"的道理，养生也一样，得先抓住身体里的"王"。那么，身体里的"王"是谁呢？就是我们的心。

《黄帝内经》说："心者，君主之官也，神明出焉。"心就像一个国家的君主，管理着国家的大小事务。若君主出了问题，国家就会动荡不安。所以都必须记住这样一句话：养生必养心。

之所以要养心，主要有以下几个方面的原因。

1. 心为君主之官

在中医看来，五脏里面心的位置最高，具有调控五脏的作用，五脏主管着全身的各项功能，心通过对五脏的调控，进而能控制全身的四肢百骸、五官九窍。因此凡举肺的呼吸，脾胃的消化吸收，大肠的传导，膀胱的储尿和排尿，胆的储存和排泄胆汁，四肢的屈伸，眼睛的视物功能，耳朵的听声音功能，舌的感味功能等，无一不是在心的主宰下进行的。所以心的作用正如《黄帝内经》中所说"心者，君主之官也，神明出焉"。

举个例子，心跳突然加快时，很多人会说"心慌"，这个"慌"就是恐慌的意思。而恐对应的是肾脏，所以心脏出问题的时候，会影响到肾脏。再如，大家都知道，脾主运化。很多身体消瘦的人吃了不少补药都不见效。到医院去检查，又查不出什么问题来。是为什么呢？这是因为这些人常常思虑过度，容易伤及心血，而心血不足又会影响到脾的运化，造成少食、腹胀、身体乏力等"心脾两虚"的症状。

2. 主持血脉的运行

也就是说，是心推动血液在脉管中运行，因人体内血液的流动并非水一样从高到低，所以还得有一定的动力，心脏的跳动正是这种动力的提供者。所以，《素问·五藏生成》中说"诸血者，皆属于心"。《素问·痿论》也说"心主身之血脉"。中医学把心脏的正常搏动、推动血液循环的这一动力和物质，称为心气。只有心气旺盛，心主血脉的功能才能正常。

3. 心主管着人的神志

心主神志的功能，出自《素问·宣明五气》的"心藏神"，是指人的精神、意识思维活动由心所主宰、统管。

心为什么能主神志呢？在中医看来，人的精神、意识、思维活动，有赖于气血的正常运行。《灵枢·营卫生会》说"血者，神气也"。可见将神志活动归属于心，与心主血脉的功能有密切关系。心通过主血脉，进而影响神志的功能。心所营运的血脉充盈，则神志清晰、思考敏捷、精神旺盛、睡眠安稳等。若心主神志功能失常，则可出现失眠多梦、精神亢奋、神志不宁，甚至躁狂谵语或可出现反应迟钝、神志模糊、表情淡漠、嗜睡、健忘、痴呆等。

4. 心开窍于舌

五脏在体表都有开窍的部位，如肝开窍于目，肾开窍于耳等，心开窍的部位是舌。一说窍，给人的感觉就是孔穴样的组织器官，如眼睛、耳朵、鼻、口等，舌明显不是这种空窍，但也被称为"心之窍官"，其原因是《黄帝内经》所用"窍"的含义是其后世引申的含义，即关键之意。我们现在所说诀窍、窍门的"窍"就是关键的意思。心开窍于舌，就是表明舌是观察心的功能状态的关键部位。因此，临床上观察舌相，可以对心的病理状况作出很好的判断，舌尖红是心火盛，舌质淡是心血不足，舌上有瘀斑是心血瘀阻，往往可见于冠心病的患者。当然，如果舌体僵硬，我们又认为是痰浊蒙蔽心窍，是心主神志异常的结果。

5. 心在志为喜

在《黄帝内经》中，喜、怒、悲、忧、恐五志中，喜是由心所主的。因此，心气足的人往往心情愉快。另外，过度喜乐、过度高兴，也容易伤及心气，而出现相应的症状，轻则神志失常，如范进；重则心气闭阻而死亡，如牛皋。声色气味与心气在呼、笑、歌、哭、呻五声中，笑由心气所主。我们知道嬉笑的发出主要与心情有关，在心情愉快时，欢声笑语就多，因此，有"笑从心出"之说。"喜"为心的情志活动，所以平时喜笑颜开的人，往往是心气较足的人。当然，从另外一个角度来说，如果超出常度的"笑"，即成为一种精神失常的表现时，其病变部位则在于心。

既然心那么重要，那么如何养心呢？

1. 按摩内关穴

内关穴在手臂内侧，腕横纹上2寸，取穴时手握虚拳向上平放，另一手食指、中指、无名指三指以腕横纹为准并齐，食指点按的地方就是内关穴。这个穴位在养生上的好处：随时随地都可以点揉，以略感酸胀为宜。

2. 静神调息法

端坐位，挺胸收腹，下颌内

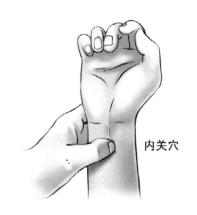

△ 内关穴在手臂内侧，腕横纹上2寸，取穴时手握虚拳向上平放，另一手食指、中指、无名指三指以腕横纹为准并齐，食指点按的地方就是内关穴

收，将右手放于左胸的心前区，闭合双目，使精神进入宁静状态。慢慢地调节呼吸，使呼吸速度缓慢而深沉，然后右手根据呼吸的速度顺时针轻摩心脏，一呼一吸为一息，一息按摩一圈，按摩三十六圈。有运行气

血、营养心脏的作用。

3. 运动养心法

进行适量的体育运动，如散步、慢跑等，可根据自己身体的具体情况选择运动方式和运动量。适量运动有利于心血管系统的健康，可以增强心脏的功能。

4. 要保持情绪的稳定，切忌大喜大悲

一定要放下各种心理负担，努力做到不以物喜，不以己悲。林则徐喜欢的对联是，读书静坐，各得半日；清风明月，不用一钱。在达观宁静的心境下，人体自身的免疫力、代偿力、康复力得到最佳组合，各项机能阴阳平衡，和谐运行，精、气、神、形达到最佳境界，心境如"千江有水千江月，万里无云万里天"一样地明澈，心灵平静了，心理就平衡，生理就稳定，病理就不易发生，即使发生了，也能很快重新平衡。

思考题

1. 心有哪些作用？说出两种或两者以上。

2. 如何养心？

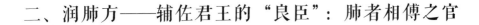

二、润肺方——辅佐君王的"良臣"：肺者相傅之官

提起宰相，相信大家都不陌生。因为他们是"一人之下，万人之上"，是在官僚体系中仅次于皇帝的重要官员。虽然宰相身份相同，但他们为人处世是五花八门，千奇百怪。有凌驾于皇帝之上"挟天子以令诸侯"的曹操；有以蛐蛐误国的贾似道；有"史上第一贪"之称的和珅……但这毕竟是少数，大多数宰相都是老老实实辅佐君主，独当一面，让皇帝少了许多后顾之忧。例如，诸葛亮、魏征、张居正……他们"鞠躬尽瘁，死而后已"，为后世作出了表率。而在我们的身体中，有个器官也被比喻为"宰相"，这就是肺。一旦肺出了问题，就好像国家里宰相不好好工作一样，天下也会大乱。

具体来说，肺有什么作用呢？

1. 保护脏腑

中医讲，肺为五脏六腑之华盖，什么叫华盖？大家都看过一些古装电影，假如皇帝出巡时，他在前面走，后面会有几个宫人，或者是宦官，或者是宫女，举着一个伞盖，在他的头顶上替他遮阳，这个就是华盖的实像。还有大家去庙里看到的佛像，身后都有一个光圈，这个东西也是华盖的表现，华盖具体有什么样的特性呢？它处于一个很高的位置，甚至在心这个君主之官之上，就是说它可以像盖子一样把五脏六腑保护起来。

2. 肺主气，司呼吸

肺最主要的作用，用《黄帝内经》的话来讲，叫"主气，司呼吸"。我们知道，肺是人体和外界进行气体交换的场所，通过肺的呼吸运动，吸入自然界的清气，呼出身体里的浊气。这样吐故纳新，保证了人体新陈代谢的正常进行，也调节着人体气机的升降出入。

如果肺的功能受到影响，那么必然引起呼吸运动的减弱，也就影响了人体之气的运动和生成，会出现咳嗽、气喘、少气懒言等症状。

有一本书叫作《扁鹊心书》，是托扁鹊之名所写。在这本书里，记载了这样一个病例：有个人因为在三伏天喝了从深井中打上来的非常寒冷的井水，结果伤了肺气，引发咳嗽，很多名医都看不好，最后找到了扁鹊，扁鹊用艾绒来熏烤肺经的中府穴五百壮，结果下气极臭难闻，之后未复发。这就是中医运用手太阴肺经治疗呼吸系统疾病的一个典型病例。

3. 肺朝百脉，主治节

治节即治理调节。《素问·灵兰秘典论》中说："肺者，相傅之官，治节出焉。"相傅之官是个什么官呢？傅同辅，就是辅佐、协助的意思。一个国家有主席，有总理，过去是有君王，有丞相，相辅之官相当于现在的总理、过去的丞相，它起到协助国家的主席或者是君王来管理天下的作用，所以人体中的肺，相当于协助心脏来统一管理五脏六腑的一个器官。

君王想了解全国事务该怎么办？问宰相。那医生想知道各脏腑气血盛衰应如何？问肺经。由于肺是人体内的宰相，它了解五脏六腑的情况，所以有"肺朝百脉"一说，是指全身各脏腑经脉之气都要汇于肺经。而中医切脉所选的寸口，位置就在肺经上。通过寸口能

诊察各经脉、脏腑的生理活动和病理变化。

4. 通调水道

肺脏还有一个功能，叫作"通调水道"。中医治疗疾病时，有一个很有趣的治法，非常形象地表现了肺脏通调水道的功能，叫作"提壶揭盖法"。生活中用到的茶壶在盖子上都会留出一个小孔。当我们用茶

壶倒水时，空气可以从小孔进入，水就会顺畅地流出来了。如果把这个小孔堵住，这时再想把水倒出来，就万万不能了。在物理学中，道理其实很简单，是大气压的作用而已。但在中医学中，古人却根据这个生活中的现象，把它用到医学的领域，成为一种治疗小便不利的重要方法。肺的形态像一口大钟，不仅护卫着心脏，而且护卫着下面所有的脏腑，与茶壶上的盖子何等相似。当肺的功能正常时，人气与天气相通，就像壶盖上留有小孔。肺脏一旦受到病邪侵袭时，肺脏主气的功能受影响，就像壶盖上的小孔被封死了，就可能出现小便的不畅通。此时无论用多少通利小便的药，效果都不会明显。最好的方法就是把壶盖揭下来，也就是宣通肺气，小便就自然会顺畅地流出来了。

5. 外合皮毛，内络大肠

中医理论认为，肺主皮毛，所以皮肤、毛发方面的疾病，也可从肺经入手着手治疗。当身体皮肤觉得粗糙的时候就要考虑是不是肺津不足了，肺的津液是不是充盛，是不是肺气不足了。

6. 肺藏魄，在志为忧

中医讲心藏神，肝藏魂，而肺藏魄。魄是指人的魄力、气魄、体魄。人的知觉和工作都是魄的作用。在生活中，我们常听到骂一个不成事的人为"窝囊废"，而中医认为"窝囊废"也可称"窝囊肺"。如果一个人肺气足了，就有魄力，就能做成大事。而肺气不足的人，连说话的声音都很小，其魄力就小，自然就成为成事不足的"窝囊肺"了。

知道了肺有如此重要的作用，如何保护肺呢？

1. "呬"字诀养肺

中国的汉字是非常奇妙的。不同的汉字会产生不同的波动，导致"共振"的部位也不一样。举个例子，如你在念喉咙的"喉"时你会发现，振动部位以喉部为主。而再念"甜"字时你会发现，用力的部位主要在舌尖。为什么？因为舌尖对甜味最灵敏啊。再说"苦"字时振动部位又不一样了，主要是在舌根部，这正是我们对苦味最敏感的部位。再说"胃"字，只要用力念这个字，就能体会到胃部的肌肉受到振动，在用力。

由此可见，我们先人在缔造汉字时，不仅注意到汉字和世界万物的种种对应关系，还注意到它和我们身体的对应关系。而中国传统医学"六字养生诀"——"呵、呼、呬、吹、嘘、嘻"六字，正是利用了这种特殊波动的原理来调理我们的五脏六腑的。

而在六字诀健身气功里，"呬"字肺气诀，就具有锻炼肺经的功效。呬字是一个"口"，加上一个"四"，现代有些人念作 sì，有些人念作 xì，而在传统的医学典籍中，这个字应该念作 hēi，是治疗胸膈烦满，上焦有痰凝的疾病。如果有肺病就需要锻炼这个字。

练习的时候用唇齿音轻轻地发出"呬"的音，注意不要用喉咙发音。

练习几次之后，就能感觉到有津液从舌底生出，这就说明发音正确了。

2. 呼吸健肺操养肺

首先两脚分开站立，与两肩平，上身挺直，双手护于丹田（脐下小腹部）。吸气时缓缓用力深吸，双手放松，使腹部膨起，吸至最大量，有气沉丹田的感觉。将气缓缓呼出，双手压迫丹田，呼至最小量，反复做 30 次。其次将双手放于肋部两侧，随吸气缓缓向两侧平行分开，如扩胸运动使气吸至最大量。再随呼气缓缓放于肋部并按压肋部做 20 次。双臂自然下垂随吸气缓缓上举吸气至最大量。缓缓呼气，随呼气双臂慢慢下降，下蹲，双手抱膝，呼气至最大量。最后再起立重复做 20 次。

思考题

1. 肺有哪些作用？说出两种或两种以上。

2. 如何养肺？

三、保肝方——勇武忠心的"将军"：肝者将军之官

《黄帝内经》说"肝者，将军之官，谋虑出焉"。一个国家少了君主和宰相固然不可，但将军同样是必不可少的。作为国家的将军要能够深谋远虑，指挥千军万马，与外敌抗争，运筹帷幄，保家卫国。而肝身为人体中的"将军"，一样也能抵御邪气的干扰，保卫我们的身体，不让病邪入侵。当人体遭受外敌入侵时，这个"将军"就会指挥千军万马保卫身体这个"国家"。它不仅可以"攘外"还会"安内"，要是国家内部有了"叛军"，其就会调动兵马，将"叛军"驱除，维持国家内部的安宁。如果天下太平，内忧外患都不存在，肝将军又在干什么呢？他会把兵马收编起来，养精蓄锐，为下一次战斗做准备。

具体来说，肝又有哪些功能呢？

《黄帝内经》认为，肝主要有以下功能：

1. 主于气机的生发

在自然界里，植物具有发芽生长，枝条伸展的特点。人体器官与其相类似的是肝脏，同样具有疏达、生发的功能，这种功能体现在促进人体气机的生发与疏泄方面。这不仅是促进其他脏腑气机正常升降的基础，而且是维系人的精神情绪正常的关键，当情绪舒展而愉快时，这是肝气舒畅的表现；当情绪郁闷时，则是肝气郁滞的结果。

2. 为"疲极之本"

我们在生活中常有这种体会，即身体的状态与精神状态密切相关，当心情愉快时，就觉得身体轻松，精力充沛；当心情压抑或心理压力大时，身体也很容易感到疲劳。从中医的角度来解释，由于肝在人体之中主管筋的活动，如果肝气郁滞，筋的活动能力就受影响，因此《黄帝内经》将肝称为"盍（音'疲'）极之本"，是说人体容易疲劳的根本在于肝的功能存在问题。

3. 开窍于目

《黄帝内经》看人体，是整体进行看待的，人体的头面七窍以及前后二阴的功能，均受相应的五脏控制，《黄帝内经》称为"开窍"。五脏所开窍的部位既是五脏之气与自然之气交流的场所，又是观察五脏功能活动正常与否的窗口。肝是开窍于目的，也就是说，肝的功能容易影响眼睛的功能。很多人出现迎风流泪、目赤肿痛的症状，中医治疗就会清解肝经风热；而当肝血不足时，眼睛则会出现干涩、视物不清的情况，这时则需要滋养肝阴肝血。同样，眼睛看到的色彩也容易影响肝的功能，我们看黑色过多，容易肝气郁滞；看绿色多了，则会肝气舒达。

4. 肝主怒

怒这种情绪是隶属肝的，其关系体现在肝的病症最易表现为"怒"，如肝火盛则急躁易怒，肝阴虚则烦躁易怒，肝气郁结则表现出郁怒。而外在刺激引起的大怒，则最容易伤及肝气，迫使肝气逆乱，或乘伐脾胃，出现呕血、泄泻等症；或干犯肺气，出现咳嗽、咯血等。所以，同样是被人激怒，不同的人会有不同的反应。

5. 肝在声为呼

在"呼、笑、歌、哭、呻"五声中，"呼"为肝所主，一方面表现为肝气过盛或肝火亢盛的人喜欢"呼喊"，人在发怒时往往会大声呼叫，而对那些平素就喜欢大呼小叫的人，我们基本上可以判断他们的肝气偏亢，不是肝火盛，就是肝阳偏亢。另一方面方法得当的"呼"又有一定的疏达肝气的作用，所以，很多人在呼喊一番后，感觉顿时舒畅很多。

6. 青色入肝

在"青、赤、黄、白、黑"五色中，肝色为"青"色。青色是古人的一种描述，应近似于现代所说的蓝绿相混的一种颜色，自然界中的植物多数是呈现出这种色彩的。我们都有这样的感受，看绿色植物时，感觉可以舒缓眼睛的疲劳，调节一下心情，其原因是肝开窍于目，色主青，因为青绿之色可以养肝与目。

养肝方法有以下几种：

1. "嘘"字功

"嘘"，口型为两唇微合，有横绷之力，舌尖向前并向内微缩，上下齿有微缝。练功时，两手相叠于丹田，男左手在下，女相反。呼气念"嘘"字，足大趾轻轻点地，两手从小腹前缓慢抬起，手背相对，经两肋至与肩平，两臂如鸟张翼向上、向左右分开，手心斜向上。两眼反观内照，随呼气之势尽力瞪圆。呼气尽吸气时，屈臂两手经面前、胸腹前缓缓下落，自然垂于体侧。重复做6次后做1次调息。"嘘"字功宜每天早晚各练1次，最好天天坚持。练"嘘"字功，不仅可以养肝明目，还可以治眼疾、肝火旺、肝虚、肝肿大、食欲不振、消化不良、头晕目眩等。

2. 按太冲穴

太冲穴是肝经的原穴，原穴有发源、原动力的意思，也就是说，肝脏所表现的个性和功能都可以从太冲穴找到形质。太冲穴是为我们注入能量、排解郁闷的穴位，最适合那些爱生闷气、有泪往肚子里咽，以及郁闷、焦虑、忧愁难解的人使用。太冲穴在脚背上大脚趾与二脚趾跟的中间，肝火很大的人按这个穴位会觉得很疼，所以要多去点按。

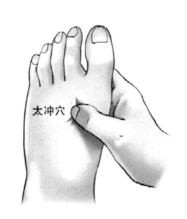

△ 太冲穴在脚背上大脚趾与二脚趾跟的中间，肝火很大的人按这个穴位会觉得很疼，多去点按可祛肝火

思考题

1. 肝有哪些作用？说出两种或两种以上。

2. 如何养肝？

四、健脾方——受纳布化的"仓官"：脾胃仓廪之官

兵马未动，粮草先行。这是古人在作战中总结出的经验。也就是说，打赢战争的关键是必须保证充足的粮草、畅通的粮道，否则就得"望梅止渴""画饼充饥"了。

在人体里，管理粮草押运器官，就是我们的脾胃。所以，养生，自然也要养脾胃。

要养脾，我们首先要了解中医里的脾与西医中的脾是不完全一样的。西医的脾主要是作为一个免疫器官，而中医的脾不仅代表整个消化吸收的功能，还具有统摄血液的功能。具体而言，脾有以下功能。

1. 脾主运化

我们平时常把脾和胃连在一起说。中医讲胃主受纳，我们吃的东西在胃里面，需要胃来受纳，装盛，容盛。而脾主运化，如果说胃是仓库，那么脾就是物流公司，能够把仓库里的这些营养物质输送到需要它的地方去，这个功能就是运化。

中医认为运化对人体是非常重要的，食物中的营养物质必须通过运化才能被人体吸收利用，所以说脾胃是气血生化的源头。

除运化水谷之外，脾还具有运化水湿的作用。水湿，即人体内的水液。运化水湿，是指脾能够把水谷精微中多余的水分及时地输送到肺和肾，化为汗液和尿液排出体外。因此，脾功能正常的时候，就能防止水液在体内发生不正常的停滞，身体里就不会产生湿、痰等对人体健康不利的产物。

正因为脾是一个运化湿浊的重要脏器，所以当我们的身上常有沉重感，特别是到下午，手脚会明显地发胀的话，就说明脾运化水湿的功能失常了。

2. 脾主升清

脾主升清是强调脾气的运行是以上升为主的。我们人体的气聚集到中焦脾胃之后，脾向上升，把清气也就是水谷精微等营养物质向上输送于心肺；胃主降浊，把食物和糟粕向下通降，由此一升一降，达到一个和谐的状态。如果脾气上升的状态受影响，那么水谷就不能正常运化，气血生化无源，就会出现乏力、头晕、腹泻，甚至内脏下垂等病症。

3. 脾主统血

脾将血液约束于脉内而不外逸的作用，称"脾统血"。一般出血症多与火热有关，"热血沸腾"，血受火热之邪干扰时会不受约束而妄行，出现各种出血症。但还有一类出血症与火热之邪无关。中医认为"气为血之帅"，也就是统帅的意思，要使血在脉管中规规矩矩地运行，不随便跑到脉管外来，需要"气"对它的约束，这个"气"主要是脾气。如果脾气虚弱，不能承担起这种约束功能，也会出现各种出血病症，如皮肤瘀斑、鼻子流血、牙龈出血、眼睛的球结膜出血，或者女性的经血不调、淋漓不尽，都是脾不统血的表现。治疗这类出血不能用泻火的方法，而要补脾气。宋代有一个名方"归脾汤"（现有中成药"归脾丸"）就是治疗这类出血的有效药物。

4. 开窍于口，其华在唇

脾开窍于口，说明口味与脾的运化功能密切相关。很多人出现口淡、口甜、口中黏腻的症状，都与脾的功能失调有关。

那么什么叫其华在唇呢？确切地说，应该是其华在唇四白。嘴唇四周的皮肤颜色偏白，这个白色的圈就是唇四白。如果唇四白表现很清楚，嘴唇发暗，就说明有脾虚的倾向了。另外，如果你的口唇已经发乌黑的颜色，这个时候就该提高警惕了，一种情况可能是寒邪侵脾，另一种情况是气滞血瘀，因为脾经和心经在体内是相交的，所以当发现口唇乌黑的时候，一定要及时到医院检查，看看有没有心血管的病变。

5. 在液为涎，主四肢肌肉

脾在液为涎，涎是什么？涎是清稀的唾液，我们说馋得流口水，这个口水就是涎。很多人有随地吐痰的习惯，其实吐出来的大部分是涎液。经常不自觉地吐口水，也是脾气不固的一种表现。而且经常吐涎液，体内的津液就会减少，也就是体内的阴性物质减少了，所以脾虚的人往往还伴有阴虚。

脾主四肢肌肉，这是因为全身的肌肉都需要脾脏化生的气血来滋养。而四肢相对于躯干来说，处于人体的末梢，更需要脾的升清作用把营养输送过去，所以《素问·阴阳应象大论》说"清阳实四肢"。

脾胃功能健旺，四肢肌肉就充实。反过来说，肌肉与四肢得到充分的锻炼也可以健脾。如果我们很少运动，四体不勤，脾胃的功能就会逐渐减弱，运化水谷、滋养四肢肌肉的作用也随着减弱，人就总感觉很疲乏，更不愿意运动，形成恶性循环。所以太过安逸的生活可以伤及我们的脾脏，只有让四肢与肌肉动起来，这样才可以健脾。特别是脾经所运行的部位，一定要得到充分锻炼，方可让我们吃得下，吃得香。

脾胃又有"后天之本"的称谓，谈到养生，自然少不了对脾胃的保养。养护脾胃方法较多，在监内服刑期间，大家可选择以下方法。

1. 云手健脾胃

这里讲的原地云手法是由太极的云手改造而来的，但是我们不要按照云手的方法去做。

两脚并拢，脚跟和脚尖全部并拢，然后旋腕转掌，像抱一个球一样，一只手托着球的下部，另一只手从身前抬起，越过头顶，然后从体侧放下。抬手的同时，同侧的腿也慢慢抬起，脚面自动放松，向下垂，手落下时脚也落下。然后换另一侧的动作。

在做这个动作的时候，手能抬多高就抬多高，脚也是能抬多高就抬多高。每侧做5个，脚和手同侧同时上升。开始练习的时候可能觉得有点不流畅，熟练了手和脚的动作就能很好地协调，达到"行云流水"的境界。

这种方法之所以能够健脾，是因为云手本身具有促进脾胃脏腑运动，帮助消化的功能，而这个动作还强化了四肢的运动，让整个四肢都得到了活动。大家知道，脾是主四肢的，活动四肢同样可以起到健脾的功效。

2. 按摩足三里健脾

作为著名强壮要穴，足三里穴的保健作用几乎尽人皆知。"若要安，三里常不干"，这句说的就是常艾灸该穴具有保健功效。"常按足三里，胜吃老母鸡"，也很形象地说出了它的保健作用。

足三里穴在小腿前外侧，外膝眼（犊鼻穴）下 3 寸，距离胫骨前缘 1 横指（中指）处。告诉大家一个简易取穴方法：站立，把手张开，虎口围住同侧髌骨上外缘，其余四指向下，中指指尖所指之处就是足三里穴。

刺激足三里穴的方法除用手进行按揉外，也可以用一个小按摩槌之类的东西进行敲击刺激，力量应适中，以产生酸胀感为宜，每次持续 5～10 分钟即可。

思考题

1. 脾有哪些作用？说出两种或两种以上。

2. 如何健脾？

五、补肾方——使身体井然"工部"：肾者作强之官

说到人体的生长发育，就难免想起武大郎。他与武松虽然是亲兄弟，但是长相却不一样。武松身高八尺，浑身充满力量，仿佛有千百斤的气力。而武大郎，身不满五尺，只能挑个卖烧饼的担子。当地人见武大郎生得矮小，给他起了个外号，叫作"三寸丁谷树皮"，由此可见他是个生长发育不良的人。武大郎为什么会生长发育不良，这在《水浒传》里没有交代。不过在中医看来，生长发育的问题大多与肾有关，治疗小儿先天不足的病症，用补肾的方法能够取得疗效。不仅生长发育问题，很多健康问题都与肾息息相关，所以"养身必养肾"已成为许多中医大家的共识。

根据《黄帝内经》的论述，肾有以下几个方面的功能。

1. 肾为生命之根

《黄帝内经》虽然认为五脏六腑在人体的生命中均很重要，但肾气却是最重要的，可以称为人体的生命之气，如果把人比作一辆汽车，肾气就是这汽车的发动机。年幼时肾气旺盛，人体的生命力强，生长发育迅速；青壮年时肾气最充足，身体最强壮；老年时，肾气衰，身体衰惫。肾气盛则寿命长，肾气虚则寿命短，生命的最后终结，是肾气竭绝的结果。肾气禀受于父母，一个人肾气的强壮与否主要是父母的遗传因素决定。但也受后天调养的影响，脾胃之气充足可以在一定程度上补益肾气，养生方法得当也可以调补肾气，我们通常所谈的"意守丹田""叩齿咽津"等，均为养护肾气、肾精的常用方法。

2. 肾主持着人体生殖系统功能

生殖、生育功能系统是人体重要的功能活动之一，也是生命繁衍生息的根本。《黄帝内经》说男子"二八，肾气盛，天癸至，精气溢泄，阴阳和，故能有子……八八，天癸竭，精少，肾脏衰，形体皆极，则齿

发去"。即男子16岁时，肾气充盛，有一种称为"天癸"的物质来至，天癸即现代医学所言的"性激素"，因此男子精气先满后泄，具备了生育能力；当64岁肾气衰后，天癸就竭尽，生育能力也就丧失了。当然这种情况是针对一般人的体质而言，有先天肾气盛者，或善于养生者，往往可以超出64岁依然有生育能力，如著名国画大师齐白石先生，在82岁高龄依然喜得贵子，所以《黄帝内经》在同一篇文章后又补充说"夫道者，能却老而全形，身年虽寿，能生子也"，表达了养生对延缓肾气虚衰上的作用；而先天肾气不足，或不善养生，纵情恣欲者，40岁之后便会丧失生育能力，这在生活中更不鲜见。

3. 肾为封藏之本，为人体精气的"藏蓄器"

人体的功能活动主要是依靠阳气的推动与温煦，而这种功能活动又必须以精气为物质基础才能进行，就像植物的生长，一方面要依赖阳光的照射，进行光合反应；另一方面要有水的灌溉、土壤的营养才能进行。中医说"人身三宝精、气、神"，认为精气对人体是极为珍贵的。而人体的精气能够在人体周密保存的关键在于肾，肾气充足，是保证精气不妄泄的根本。当然，肾气不足在任何一个季节都可以看到精气流失的症状，如男性的遗精、滑泄，女性的崩漏、带下过多，以及自汗、盗汗等。

4. 肾为作强之官，决定着人的体力与智力

《黄帝内经》认为肾脏为"作强之官，伎巧出焉"，所谓作强之官，是负责强力劳作的官职，通俗一点说，就是一个国家的劳动部长，凡诸作用强力之事均由肾脏主司，实则强调人的体质强健与否是由肾所决定；伎巧，则是精巧、灵活之意，是人体智力的表现。这两句话想表达的含义就是一个人体质是否强健、智力是否聪颖，均是由肾气控制，而肾气主要来源于父母的精气。因此，间接表达了体质、智力与遗传的关系，即子代的体质、智力的基本决定因素取决于父母家族的状态。《黄帝内经》认为，人的肾气有一种自然的盛衰规律，40岁之后人的肾气只有最鼎盛时期的一半，因此，很多人在40岁之后会感到体力和记忆

力明显衰退。

5. 肾开窍于耳与二阴

头面的双耳与前后二阴，是肾开窍的位置，因此，肾气的盛衰与否会在耳和二阴上表现出来，如老年人容易出现耳聋、耳鸣，也容易出现尿频、夜尿增多或尿余沥不尽的情况，这均是由于老年人肾气已经衰退的缘故。便秘也是很多老年人的共有症状，其中多数是肾气、肾阳或肾阴虚衰的缘故。因此，我们可以把人的耳与二阴看作观察肾气状态的一个窗口。当然，对于这类病的治疗，也应该以补益肾气、肾精为主要方法。

6. 肾在声为呻

"呻"是肾气所主的声音，呻是呻吟的意思，我们都知道，老年人稍有不适就会呻吟不止，这并不是老年人娇气，喜欢将病痛夸张地表现出来，而是老年肾气虚的缘故。

任何人都需要关注肾的健康，可选择以下方法。

1. 揉按涌泉穴补肾

肾的经脉起于足部，足心涌泉为其主穴。每日坚持用双手按揉涌泉穴，有护肾固本的功效。涌泉穴位于足底部凹陷处第二趾和第三趾的趾缝纹头端与足跟连线的前1/3处，为全身俞穴的最下部。我国现存最早的医学著作《黄帝内经》中说："肾出于涌泉，涌泉者足心也。"意思是肾经之气犹如源泉之水，来源于足下，涌出并灌溉周身四肢各处。

2. "吹"字功养肾

人站立，双脚并拢，两手交叉上举过头，然后弯腰，双手触地，接着下蹲，双手抱膝，心中默念"吹"字音。不发出声音，只听到有气吹出的声音就可以了。这一套动作可连续做10余次。冬天常练这种功法，可以固肾气。

3. 摩腰养肾

人坐正，把皮带松开，将双手相搓，以略觉发热为度，然后迅速将双手放在腰间，上下搓摩腰部。直至腰部感觉发热为止。因为腰部有督脉的命门穴，以及足太阳膀胱经的肾俞、气海俞、大肠俞等穴，搓摩腰部便对这些穴位进行了按摩，而这些穴位大多与肾脏有关，因此摩腰具有温肾壮腰、调理气血的作用。

思考题

1. 肾有哪些作用？说出两种或两种以上。
2. 如何养肾？

六、润肠方——专司内务的"内寺"：大肠传导之官

作为传送糟粕通道的大肠，人们也赐予它一官名，称为"传导之官"。这传导之官相当于运输的大通道，运输大通道不通、拥堵，或者经常发生交通事故，人体还能正常运转吗？显然不能。

大肠究竟有什么作用呢？

1. 大肠主津，传导糟粕

大肠是六腑之一，六腑和五脏不同，五脏是储藏和生化精气器官，而六腑则是运化食糜、传导糟粕的器官，所以五脏是不可以泄的，而六腑一定要清下，要把糟粕排泄出去，这样才可以保证它正常的生理功能。所以《素问·灵兰秘典论》指出"大肠者，传导之官，变化出焉"。什么叫作传导之官，好比一件用物，由这边传到那边的意思，大肠的部位，在小肠的底下，小肠泌别出的糟粕都要经大肠传导出去。由此可见，大肠的最终作用是传导，传导我们食物消化出来的糟粕。

除了传导，大肠还有主津液的作用，津液相当于身体里的河流。我们知道，如果河道里面的水少了，船舶便不能正常行驶，周围的树木也得不到滋养；水少了，土地会干裂，草木无法生长。发生在人体也是一样。津液不能输入于体表，皮肤就会干燥，甚至有些人皮肤会干燥得出血；津液不能上升，口里得不到滋润，就会口干舌燥；不能输入大肠，大便也排不出来了。

为什么中医说津液为大肠所主呢？我们知道，大肠具有传导的功能，小肠下移的糟粕是水与残渣的混合物，是不成形的，而大肠在传导这些糟粕时会将多余的水分吸收掉，于是便形成了成形的粪便，经由肛门排出体外。由于大肠参与了体内水液代谢的功能，所以称为"大肠主津"。若大肠传导糟粕功能异常，则可能出现呕吐、腹痛、腹胀、泄泻或便秘等症状。

大肠的末端是肛门，中医叫"魄门"，"魄门"亦为五脏使，就是说肛门这个部位是五脏的使者，五脏有病变也可以通过这里表现出来。所以肛门的病变是身体内部健康失衡的信号，是诊察内脏疾病的一个重要手段。有一种疾病叫作肛窦炎，得这个病的人会感觉肛门内部有轻微的疼痛，而且吃辣的或者海鱼之后会加重。中医称肛窦炎为脏毒，就是说你五脏里面有湿热毒气，需要排泄出来，这时候就不能只治疗局部的病变，而是需要用清热利湿排毒的方法调整身体，才能彻底治好这个病。另外，痔疮也往往和体内气滞、血瘀、湿停有关，必须综合调整，才能有好的效果。

2. 大肠有助肺排毒养颜的功效

肺与大肠相表里，也就是说，肺经是主内，而大肠经主外的，所以肺经好比在家的"妻子"，而大肠经则是在外的"老公"。妻子内务也可以由丈夫来代劳，而丈夫的外务也可以由妻子来承担。因此，如果大肠出现不适时，可通过调理肺经来得以改善，而肺经出现问题后，也可以调理大肠经来得到解决。

比如，在日常生活中，人们出现嗓子哑或者咽喉肿痛等不适时，有时还伴有便秘。不知道经络奥秘的人是不会把这两个症状联系到一块儿的，其实这是大肠之火通过经络上传到跟肺相连的咽喉引起的，大便通畅了，嗓子自然也会好了。

而通过疏通大肠经能够有效地防治皮肤疾病，改善皮肤状况，大肠主津，人体只有津液充足皮肤才会有光泽。一个长期便秘的人，皮肤一定比别人衰老得快。所以让大肠经保持通畅，全身津液运转正常，身体的毒素能及时排泄，就能起到养颜护肤的作用。

3. 大肠可助阳气，泄火气

大肠在经络里面属于阳明经。阳明的意思就是气血旺盛的一个经络。所以这个经络里气血很足，可以帮助人体增加阳气。但是对于阳气过旺的人可以通过这条经络来把多余的火泄掉，所以它是调节人体阳气的一条重要的经络。有人经常手肿胀，大肠经就用上了，这是因为有火气在经络里边，这时候只要按摩大肠经的痛点、敏感点，把这个痛点揉散，肿胀就逐渐地消失了。

究竟怎样才是正确的养肠润肠方式呢？可选择以下方法：

1. 要掌握"方便"的时间

在人体的十二经脉中，有一条手阳明大肠经，通常就称为大肠经，这条经脉在卯时当令，所谓"当令"就是值班的意思。卯在《说文解

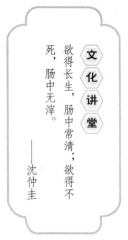

文化讲堂

欲得长生，肠中常清；欲得不死，肠中无滓。

——沈仲圭

字》里面被解释为"冒"，因为二月万物发芽，所以也称二月为"卯月"，正如盛唐诗人贺知章在《咏柳》中所说："不知细叶谁裁出，二月春风似剪刀。"而卯时就是说早上5点到7点，大肠经的活动最为活跃。这个时候是排泄粪便的最佳时间，所以很多人往往是在这个时候醒来，然后大小便。由于生活习惯的混乱，很多人在这个时候并不按时排便，有的还在呼呼大睡。为了配合大肠经的工作，此时我们该"方便"了。最好是在每天卯时按时起床，然后喝杯温开水，可以起到冲洗肠胃、清理体内毒素、促进排便的作用。这样，就像帮一个担着重物的人把肩膀上的担子卸下来，对大肠也可以起到护养作用。

2. 要多运动

对于运动不足的人，他们的肠部运动会比较迟钝，从而使大肠排泄不通。这些因素会导致粪便在大肠滞留过久，水分被吸收，使大便变得干燥，不能形成足够的压力，去刺激神经感受细胞产生排便反射，从而引起便秘。所以这就需要我们注意平时要多加运动，进而带动大肠的蠕动。

3. 揉腹按摩功

两脚分开站立，如果是男性，那么就用左手捂住肚脐，用右手掌的掌心贴住左手手掌的掌背；如果是女性，则用右手捂住肚脐，用左手掌的掌心贴住右手手掌的掌背。两手绕着肚脐做顺时针旋转，旋转的速度

要慢。同时可以想象肚子里面的肌肉和肠子也是随着同样的方向转动。共转 108 圈，早晚各做 1 次。这个方法可以促使腹肌和大肠蠕动，起到润肠通便的作用。

思考题

1. 大肠有哪些作用？说出两种或两种以上。

2. 如何润肠？

七、疏胆方——明辨是非的"清官"：胆者中正之官

最后再给大家说说胆，有一个词语叫作"肝胆相照"，意思是肝和胆能够互相照见；还有个词语叫作"披肝沥胆"，意思是披露肝脏让它滴出胆汁。这两个词语常常用来形容两个人之间的亲密关系，同时说明了肝和胆的紧密相关。中医里面还有其他十一脏腑取决于胆的说法。大家说，讲脏腑保养能不讲胆吗？

我们都知道肝有藏血、藏魂等功能，那么胆对人体又有哪些作用呢？首先就是胆对生命活动的生发作用。晚上 11 点到凌晨 1 点，这个时间段被称为子时，子时就是胆经当令，当令就相当于"上岗值班"的意思。那么"胆"与"胆经"到底是什么关系呢？胆经又称为足少阳胆经，是人体经脉中的十二正经之一，其跟六腑之中的"胆"相联属。子时这个时候，胆一生发，人体之阳气就生起来，后面的阳气就会陆续跟上来，慢慢地全身就会开始生发。只要胆不生发，那么全身就不会生发。因此有人把胆比作车钥匙，人体其他的脏腑就是车的发动机或者油箱，一辆车要发动起来，首先就要有车钥匙来启动它，胆对于这个人来说就是"钥匙"。

所以在生活当中有一个特别奇怪的现象：人们晚上吃完饭以后，在八九点钟就昏昏欲睡，但一到 11 点就清醒了，感觉精神头特别好。所以现在很多人习惯十一点以后开始工作。还有人到了夜里 11 点总想吃点东西，这是为什么呢？因为这个时候阳气开始生发了。

除生命活动生发作用之外，在人体的生理功能上，胆可以储存和排泄胆汁。就像脾和胃一样，中医认为肝与胆互为表里，并且认为胆是附着在肝上的。这种关系可以从胆的具体作用中看得清清楚楚。我们都知道胆内有胆汁，胆汁是从哪里来的呢？它就是从肝那里得来的。胆汁是在肝内生成，由肝化生分泌。胆汁生成之后就流入胆囊，由胆囊储存。《东医宝鉴》就说过"肝之余气，泄于胆，聚而成精"。

胆汁呈黄绿色，味道很苦。越王勾践卧薪尝胆，就是通过胆的苦味来时刻提醒自己不要忘记亡国的耻辱和苦楚，要不断地积蓄力量以图东山再起。其实我们知道鱼胆也是苦的，我们平时想吃一条鱼，买一条活鱼回家之后需要清理内脏，很多时候一不注意就把鱼胆弄破了，那么鱼就会变得很苦。这种绿而苦的胆汁具有重要的消化作用。在人进食后，通过肝的疏泄作用，胆汁排入肠道，协助脾胃维持正常的消化。从这个角度来说，胆具有辅助消化的作用。由于肝胆关系密切，肝功能正常，则胆汁化生有源，胆汁就可以排泄通畅，消化才能正常。若肝有病，则影响胆汁的生成和排泄，使消化功能失常。

　　如果胆气上逆，就会导致胆汁上泛，那么嘴巴就会有苦水；如果胆汁排泄发生障碍，不能顺利排入肠道，就会出现厌食、腹胀、便溏等症状。一旦胆病波及胃，还可能引起恶心、呕吐。如果肝胆疏泄失职，胆汁不循常道，反而溢于肌肤，则可发为黄疸。如果胆汁滞留，蕴而化热，湿热蕴结，进一步煎熬胆汁，又可形成胆结石。

　　除这个作用之外，胆还有一个作用就是主决断。胆具有判断事物、作出决定的功能，也就是我们通常所说的"胆识""胆量"，一个人作出决断是优柔寡断，还是刚毅果决，主要取决于胆的强弱。胆气虚弱的人往往表现得多疑、难以决定，容易惊恐。《素问·灵兰秘典论》中说"胆者，中正之官，决断出焉"。而《难经正义》更是作出了比较详细的解释："经言胆者中正之官，决断出焉。谓气不刚不柔，得成中正，而临事自有决断也。以肝胆二者合论，肝之阳，藏于阴，故主谋；胆之阳，出于阴，故主断。若夫泻而不受，故名清净之腑也。"如此看来，肝是主谋划的，胆则是主决断的，两者紧密配合，共同完成一个决定。一方面因为胆汁是清的，不直接接受水谷糟粕，为清净之府；另一方面胆有决断的功能，故人们把胆称作"中正之官"，并且认为它是一个"清官"。

　　有一个成语叫作"好谋无断"，就是说爱用计谋但缺少决断，形容人空有心计而没有胆略。这个词语出自中国著名的经典小说《三国演义》。在第二十一回里，曹操同刘备共论天下英雄，曹操就认为没有决断能力的袁绍不能称为英雄："袁绍色厉胆薄，好谋无断，干大事而惜身，见小利而忘命，非英雄也。"最后，在官渡之战中，袁绍被曹操以少胜多，打得大败。从中医的角度来讲，是因为袁绍这个人肝气很旺，所以喜欢谋划，但是胆气不足，缺乏决断能力，不能料敌先机而致败北。

总而言之，如果胆出现了问题，会影响自己的日常思维活动，严重的话还会带来身体疾病，因此养胆护胆也显得非常重要。

1. 敲胆经

敲胆经的理论依据来自《黄帝内经》中"凡十一脏，取决于胆也"的说法。所以敲胆经不仅对养护肝胆有帮助，而且对全身都有很好的保健作用。敲胆经的方法是：正坐，用空心拳自屁股开始敲，沿大腿外侧一直敲到膝盖，反复敲2分钟~3分钟。一天1~2次，时间随意，偶尔忘记也无妨，养成习惯即可。

△ 大腿外侧胆经有一个天然的标志，就是人们裤线的循行位置。敲打时只需要直接去敲打就可以了。因为这些穴位都在皮肤下面的肌肉层，并不在皮肤表面，所以敲打的时候，力度要能渗透到肌肉里面去。只有这样敲打，效果才真正明显

2. 肝胆拍打功

肝胆均位于右肋下，中医认为在右肋这块地方"左肝右胆"，所以做肝胆功的方法就是拍打左、右两侧肋部。早晚用手掌稍用力拍打两侧肋下各30次，能使肝胆气机通畅。另外，肝胆主管人的情绪和心情的器官，心情舒畅，肝胆功能就能很好地发挥。听听舒畅优美的音乐，能让人心旷神怡，心情好了，自然肝胆就好。

思考题

1. 胆有哪些作用？说出两种或两种以上。

2. 如何疏胆？

推荐书目

《〈黄帝内经〉养生名篇白话解》，古继红主编，人民卫生出版社
2022 年版。

推荐电影

《本草中华》（2017 年），孙虹执导。

第四篇

心理保健：常见情志自我调摄

你无法改变天气，却可以改变心情；你无法控制别人，但可以把握自己。人的心境不可能不受到外界的影响，好心境不是天生的，需要你用心来培养。在中医看来，养心是养生的最高境界，是养生的核心和关键。因此，不要做情绪的奴隶，更不要因自己心绪的不佳而诅咒美丽的春天。只有心理健康的人才有机会能够做自己情绪的主人，才能够把握好自己的心海罗盘，走出人生迷雾，将未来描绘得多姿多彩！

【阅读提示】

1. 掌握情志与健康的密切关系。
2. 了解情志过度的危害。
3. 掌握情志调摄的方法。

一、过喜伤心：开心时要防"乐极生悲"

俗话说，"笑口常开，青春常在"，又说"人逢喜事精神爽"，说明"喜"作为人类正常的情感反应不仅能使人心情愉悦，精神爽快，而且有利于消除疲劳、缓解紧张，对健康大有好处。但如果突发狂喜，或长时间因一事一物喜个不停，超过人体所能承受的限度，喜则会成为一种致病因素，导致"乐极生悲"。

《儒林外史》中有一则尽人皆知的"范进中举"的故事。范进自年轻时起，年年参加科举考试，一直没有考中，直到50多岁的高龄。他受尽了奚落、讥讽，直至穷困潦倒，却一直不悔，执意坚持到考中为止。终于有一天他考中了，"中了！嘻，中了？……"范进披头散发地在街市上狂奔狂喊起来，他忘了周围的一切，忘了自己竟是新中的"举人"范老爷。他疯了！吴敬梓对范进中举后发疯的描写，从中医的诊断来看，确属于"癫狂"一类的病症，是由过度欢喜而导致的。《精忠说岳》中说，牛皋胜而骑在金兀术背上，结果气死了兀术，而牛皋也因高兴过度，哈哈大笑而死。

在中医里，喜为七情之首。《说文》说："喜，乐也。"喜来源于生活的幸福美满，表现为情绪的欢乐愉快，因而人们常把使人欢乐的幸福之事称为喜事，如"人逢喜事精神爽"。在口语里，还有把结婚说成"办喜事"的，把妇女怀孕说成"有喜"的。

一般来说，喜作为人体的一种情志活动，本来也同其他情志活动一样，是一种正常的应答反应，不仅不会对机体构成危害，甚至可以用于治疗精神性疾病，或者癌症等不治之症。

喜是治病，但过喜就致病了。在中医看来，喜则气散，过喜有耗气的危险。因为过于高兴的时候，心气就耗散了。所以高兴是件好事，但过度的高兴，也未必是件好事。因过喜而引起的疾病常见的有高血压、心肌梗死、脑血管意外、窒息、流产、气胸、失眠等。

那么，我们怎样才能做到喜而不过，避免乐极生悲呢？中医认为可用"恐"来治疗由心之志"喜"引起的各种疾患。

如《儒林外史》中的范进，最后被胡屠夫一巴掌打清醒，便是"恐胜喜"这一治疗方法的运用。又如，《儒门事亲》中记载了一个姓庄的医生，以此法治疗一个因喜乐太过而生病的患者。这位庄医生在为病人切脉后，故作惊讶地叫了一声，说其病已非常严重了，并对病人说"我去取药"，结果多少天也不送药来。病人见医生先是惊讶，后又避而不见，以为自己的病情重了，是不治之症，故而悲从心起，哭着对家人说"吾不久矣"。庄医生听说病人已担心害怕活不久了，便知道其病情将要好转，便来安慰病人，告知其病将好转，后来果真渐愈。

悲哀属于阴性消极情绪，但在一定条件下，悲哀可平息激动、控制喜悦、忘却思虑，从而转化为积极的治疗作用。

《续名医类案》中亦有悲哀疗法的案例：明朝有个农家子弟叫李大谏，自幼勤奋好学，头一年考上了秀才，第二年乡试又中了举人，第三年会试又进士及第，喜讯连年不断传来，务农的父亲高兴得嘴都咧到耳朵上了，逢人便夸，每夸必笑，每笑便大笑不止，久而久之，不能自主，成了狂笑病，请了许多医生诊治都没有效果。李大谏不得已便请某御医治疗。御医思考良久对李说："病可以治，不过有失敬之处，还请多加原谅。"李说："谨遵医命，不敢有违。"御医随即派人到李大谏的家乡报丧，给他父亲说"你的儿子因患急病，不幸去世了"。李大谏的父亲听到噩耗后，顿时哭得死去活来，由于悲痛过度，狂笑的症状也就止住了。不久御医又派人告诉李的父亲说："你儿死后，幸遇太医妙手回春，起死回生被救活了。"李的父亲听了又止住了悲痛。就这样，历时十年之久的狂笑病竟然好了。

清代名医徐灵胎所著《徊溪医案》中还载有一则医案：某书生状元及第后，喜不自胜，得了个嬉笑不休的毛病。在回家的途中求治于某名医。这位医生问了病情根由对状元说：阁下得的是不治之症，请赶快起程返归故里，否则将殁于异乡。这状元神情沮丧，星夜兼程，提心吊胆，待七日回归后竟如常人。他正要讥讽医生几句，此时，书童递上医生一封信，书云："公自及第后，大喜伤心，非药力所能愈，故仆以死恐之，所以治病也，今无妨矣。"状元佩服不已。

人世沧桑，诸事纷繁；喜怒哀乐，此起彼伏。相信我们罪犯对此更有体会。那要怎么应对呢？老庄提出"宠辱不惊"的处世态度，视荣辱若一，后世遂称得失不动心为宠辱不惊。对于任何重大变故，都要保持稳定的心理状态，不要超过正常的生理限度。为了健康长寿，任何情绪的过分激动都是不可取的。

文化讲堂

乐不可极，欲不可纵。
——《饮膳正要》

总之，要善于自我调节情感，以便养神治身。对外界的事物刺激，既要有所感受，又要思想安定，七情平和，明辨是非，保持安和的处世态度和稳定的心理状态，这样才能达到心理与生理高度统一，保证健康体魄。

思考题

1. 过喜会对哪个脏器造成伤害？

2. 过喜怎么办？

二、过悲伤肺：谨慎忧思百结"结成病"

北宋大诗人苏轼有词曰："人有悲欢离合，月有阴晴圆缺。"人生在世，喜怒哀乐、酸甜苦辣在所难免。面对诸多困难、挫折、不如意，有的人能很好地调适，有的人则困惑、抑郁，跨不过这道心灵的坎儿。很多人就是这样，因为经历了人生的巨大变动，终日郁郁寡欢，短期这样没有大碍，但时间久了，不仅伤心，更伤身。

《红楼梦》中的林黛玉，生得模样可人，才情过人，但性格里却有个明显的特点，就是敏感多疑、多愁善感，常常为别人不注意的小事而悲伤流泪。文中所描写的"黛玉葬花"一幕，就突出了这一点。常人看来，花开花谢本就是自然景象，但她由此联想到人生的悲欢离合、聚散无常，更由此感叹身世遭遇，吟唱出"葬花吟"的哀音。林黛玉这种伤春悲秋的情怀，使她经常郁郁寡欢、哭哭啼啼，总是从内心发出一种悲凉的情怀。先天的肺部不好，持续咳嗽，气息微弱，加之过度悲伤对心肺功能造成的严重影响，使这样一朵惹人怜爱的年轻生命之花，最终因痨病而过早凋零。从林黛玉身上更多地反映出过于悲忧的情绪对肺及整个身体健康造成的影响。

悲在五脏中属于肺的情志，《黄帝内经》说"悲则气消"，因为肺主气，司呼吸，是人体之气的重要来源。过悲会使肺气伤。我们看到人在过度悲伤时，往往会"哽咽"，即呼吸、说话都有障碍，这就是肺主气功能受损的缘故。同时，人在悲伤之中时，也往往会全身无力、四肢发软，这是由肺气虚进一步导致全身气虚的表现。如果是长期的或剧烈的悲伤，就会出现肺的严重病变。

西汉初期的大政治家贾谊，告诉我们"生之有时而用之亡度，则物力必屈"的那位，20岁时贾谊就表现出不凡的才华，司马迁是这样记载他的死亡的"哭泣岁余，亦死"，也就是说，这位大政治家是哭死过去的，死的时候才33岁，让人扼腕叹息。

由于喜与悲是相反的情志，哀过度导致的疾病可以用喜来对抗。

在俞震所著《古今医案按》中有这样一个病案，说息城有个司侯，姓侯，父亲被贼人杀死了，他很悲伤，哭啊哭，哭完后就觉得心痛，这显然是悲哀伤心气了。一个月后，心痛越来越严重，心下胃脘这个部位出现了一个结块，像杯子一样大，痛得不能忍受，吃了很多药都不起作用。这时家里人请来了名医张从正。张从正来到时正赶上有一个巫婆坐在病人旁边，看来这个司侯是到有病乱投医的地步了。张从正并不着急开方用药，而是开始学巫婆的样子，口中胡言乱语，再加手舞足蹈。病人控制不住大笑起来。一两天后，患者的心下结块就散开了，心也不痛了。

这就是喜胜悲的治疗效果。在生活中遇到过度悲伤的人，也可以采取类似的方法，逗病人开心，只要病人能笑出来，一般就不会有什么大问题了。另外，悲与怒也有相互制约的作用。我们前面讲过怒为病可以用悲来治疗，同样，悲为患也可以用怒来治疗。

除此之外，平常一定要注意情绪的调节，提高自己的抗压能力。一个健康的人，如果经历过人生的大起大落，就具有适应紧张，承受压力和挫折，积极安排自己的各种活动的能力。通过自我调节，使自己的身心和谐统一，使内心更充满生机和活力。让情绪变得乐观起来，多开口笑一笑，老话说"笑开口，春常在；笑一笑，十年少；笑笑笑，通七窍；情绪高，体格好"。在某个电视小品中也说过："高禄不如高官，高官不如高寿，高寿不如高兴。"这就说明，人不仅要活得长，更要活得快乐、心情好。你说是不是？

思考题

1. 过悲会对哪个脏器造成伤害?

2. 过悲怎么办?

三、过怒伤肝：莫让身体受"冲动的惩罚"

人的情绪是需要控制的。有人说愤怒就像酒瘾，易怒的人无法控制；而发怒如同喝酒，喝了第一杯，就会一杯接着一杯地喝下去，越喝越醉，难以自拔，最后失去理智，造成难以挽回的后果。愤怒的破坏性不仅是让人做错事，它还是健康的大敌，会损坏你的身体。因此，一定要学会在冲动时及时刹车，别让愤怒先毁了你的人生，再毁掉你的健康！

我国古典名著《三国演义》中有这样一段故事：诸葛亮平定南方后，领 30 万精兵出祁山伐魏，魏王曹叡派曹真、王朗率军迎敌。两军对阵，王朗企图劝诸葛亮投降，孔明听罢仰天大笑，痛斥王朗"罪恶深重，天下之人，愿食汝肉……"结果使王朗恼羞成怒，气满胸膛，大叫一声，

撞死在马下；《三国演义》中还生动地记载了诸葛亮"三气周瑜"，而使这位雄姿英发、不可一世的东吴大都督"马上大叫一声，箭疮复裂，坠于马下，一命呜呼"的故事。

怒是人们受到外界刺激时一种强烈的情绪反应，是一种不良的情志刺激，愤怒对机体的危害是多方面的。

首先在愤怒的瞬间即可感到面红耳赤，头脑发胀，这是由于愤怒引起了机体血液循环的改变：血压上升，血管的紧张度增加。临床上经常见到中老年人因为突然的暴怒而引起心脏病发作或脑血管意外（脑卒

中），就是这种改变的结果。

中医有"怒伤肝"之说，把愤怒看作肝火过旺的结果。按照中医理论，肝开窍于目，所以过度的愤怒会引起头昏眼花耳鸣等症状。

另外，生气的人还容易长色斑。为什么呢？因为人在生气的时候，血液大量涌向头部。所以对于争吵，一种常见的说法是"争得是面红脖子粗"，不仅是面子上过不去，交情不存在了，还会让你的脸上不好看，这话怎么讲呢？生气的时候，血液中的氧气会减少，毒素会增多，而毒素会刺激毛囊，引起毛囊周围不同程度的炎症，从而出现色斑问题。

"悲胜怒"法是中医情志相胜的治疗方法之一。如很多人在非常愤怒的时候，大哭一场之后便没事了，这就是以悲胜怒的好例子，很多的男性爱将一句"男儿有泪不轻弹"挂在嘴上，这是非常不可取的。有首歌叫《男人哭吧不是罪》，很好地诠释了以悲胜怒这一情志治病的"经方"。

古时有一少妇，因丈夫有外遇行为而愤怒继而生病不起，当时一名医生叫其丈夫以一石块，煎煮至烂后取汤给她服，其丈夫听信医生的话，昼夜不停地煎煮石头3天3夜，这位妇人见到丈夫如此关心体贴自己，并熬红了双眼，为其情所动，结果其病不药而愈。石头再煮也不会烂的，医生的高超就在于运用了"悲胜怒"这个方法。

《景岳全书》载，两个女人发生口角后，燕姬"叫跳撒赖"，大怒装死。张景岳对着装死的燕姬说，要对她施行令人十分痛苦并且会使容颜受到损害的火灸。燕姬感到非常悲伤，于是便结束了"气厥若死"的装病行为。在日常生活中，我们在发怒时，不妨也想点令自己悲伤的事情，以此来抑制愤怒。

要怎么样改变易怒的脾气呢？可以试试下面的方法。

1. 培养乐观主义精神

怒的产生虽然是由多种原因所引起，但遇到挫折或被人恶意地攻击时，最容易发生。此外，在心境不好的时候，也容易被激怒。而经常心情愉快，大公无私，就能正确地对待上述情况。《素问·举痛论》指出："喜则气和志达，荣卫通利。"荣卫通利，即人体营气卫气能正常运行，营气为血中之气，行于脉中，卫气行于脉外，二者的正常运行，是心情愉快的结果。中医认为，"气血不和，百病乃变化而生"，可见，愉快乐观可防百病，更是制怒的良方。

2. 遇事冷静

文化讲堂

大怒不怒，大喜不喜，可以养心。

——《钱公良测语》

怒，按其强度不同，可以分为愠怒、愤怒、大怒和暴怒 4 种。但不管怎样的怒，常常是不能冷静思考的结果。一个人活在世界上，总会遇到不如意的事或容易使人生气的事，但是否要发一顿脾气，或者暴跳如雷，才能把问题解决呢？答案恰恰相反，不但解决不了问题，反而会招致更坏的后果。因此，遇事一定要冷静，因为只有冷静，才能积极思考，想出对策，圆满解决问题。

3. 加强道德修养和意志锻炼，培养良好的性格，防怒于未然

这就需要博览群书，增加智慧和力量，从而使人心胸坦荡，提高洞察和理解事物的能力，能够正确处理将要发生的令人发怒的事。正如《老老恒言·卷二·燕居》说："虽事值可怒，当思事与身孰重，一转念间，可以涣然冰释。"有不少人在自己的床头或桌上写着"制怒""息怒""遇事不怒"等警言，以此作为自己生活的信条。当遇到易发怒的事情时，一看到这些警言便会冷静下来，从而收到好的效果，而且对身心健康极为有益。

人无完人，不管是谁，都需要不断地改善、修正自己。那么，从现在开始，从身边小事做起，让自己真正心平气和、平心静气地对待周围的人和事，相信你会体会到什么是真正的快乐，也会因此而摆脱无孔不入的身心疾病。

思考题

1. 过怒会对哪个脏器造成伤害?

2. 过怒怎么办?

四、过思伤脾：疾病也可以"憋"出来

有很多内向的人，把什么事情都憋在心里，不愿意说出来；有很多人脑袋总是在高速运转，一刻不闲、不停地做计划；还有一些人身在高墙内，心为思念所填满……的确，许多时候，只有思想是自由的，但不能因为这样，就让我们的大脑过度疲劳，要知道疾病也可以是"想"出来的。

众所周知的《三国演义》中的军师诸葛亮，虽一生足智多谋，运筹帷幄，决胜于千里之外，但最终却也因思虑过度而死。

还有民间传说梁山伯与祝英台的故事，多情的梁山伯就是因思念祝英台过度而命归黄泉。春秋末期的伍子胥，因焦虑不安地思考出城方法，一夜没合眼。待到第二天，他一照镜子大吃一惊：一夜间，头发、胡子都变白了。所以，至今民间还常说"愁一愁，白了头"的谚语呢！

在日常生活中，因思而致病的例子，经常遇到。由于不懂得学习方法，学习时间过长，学习欲望过强，每年在高考之前，许多学生会患上神经衰弱，或者"高考竞技综合征"。许多中年知识分子深感时间的宝贵，拼命地工作学习，忽略体育锻炼，结果落得英年早逝，令人扼腕叹息。

思，是一种精神高度集中地思考、谋虑的情志活动。人生在世，一举一动、一笑一颦都是在思的支配下的行为。学生要通过考试必须不断地思考学习，解决难题；医生要看好病人，必须不断思考研究疾病的发生及发展规律；教师要教好学生，必须思考研究更好的教学方法；工程师为了造好大楼，必须思考设计建筑方案和图纸……

因此，思作为人体的一种情志活动，是正常的。但是，当人们面对某一问题，思虑过度或者思虑时间过长，百思不解仍思不休止，超过了人体自身所能调节承受的限度时，就会对身体造成一定的危害。

中医认为，思为脾志，故过思最易伤脾，而致脾的升降功能失常，脾气郁结，运化失健，发生胃脘痞闷，饮食不香，消化不良，腹胀便溏等不适。由于脾为后天之本，脾伤则气血生化乏源，可出现心神失养等诸多疾病，如失眠、神经衰弱等。

现代医学研究表明，过度的思考或思虑等，使人们的精神处于高度紧张状态时，机体为适应这种"紧急状态"，下丘脑就会通过神经系统使肾上腺释放大量激素。其中，最主要的是协调平衡机体内血糖代谢、呼吸、消化、血液循环等功能的肾上腺素以及抗紧张的各种类固醇激素。紧张一旦超过机体承受的限度，体内分泌过多的激素，就会对身体的健康起破坏作用。如消化性溃疡、溃疡性结肠炎、支气管哮喘、心脏病、高血压、甲亢、失眠、偏头痛及神经和精神功能障碍等疾患，无不与精神过度紧张密切相关。甚至母亲怀孕期间过于紧张，也会使胎儿早产和虚弱。流感、癌症等疾病也易光临长期思想紧张的人。

总之，过思会对身体健康造成很多危害。所以，每个人在现实生活中，都必须注意不要"过思"，并及时地纠正"过思"这种不良情绪状态。

思伤脾，以怒胜之，是利用发怒时肝气升发的作用，来解除体内气机之瘀滞的一种疗法。它适用于长期思虑不解、气结成疾或情绪异常低沉的病症。

《四川医林人物》里也记述了一例郁病怒激之病例：青龙桥有位姓王的儒生，得了一种怪病，喜欢独居暗室，不能接近灯光，偶尔出来则病情加重，遍寻名医而屡治不验。一天，名医李健昂经过此地，家人忙请他来诊视。李氏诊毕，并不处方，却索取王生昔日之文，乱其句读，高声朗诵。王叱问"读者谁人"，李则声音更高。王气愤至极，忘记了畏明的习惯，跑出来夺过文章，就灯而坐，并指责李氏"你不解句读，为何在此高声嬉闹?"儒生在发过怒以后，由于郁闷得以发泄出来，病情居然从此有了根本性的好转。

防治过思的其他方法

1. 做到有张有弛

经常参加一些有益于身心健康的社交活动和文体活动，广交朋友，促膝谈心，交流情感。根据个人的兴趣爱好进行各种活动，诸如读书、唱歌、绘画等。

2. 多向别人请教

对于自己苦思不解的问题，也许请教别人往往能豁然而解，亦可通过其他学科的知识使其迎刃而解，有效地避免了自己陷入"过思"之中。

3. 主动解脱

既把自己置身于事物之中，又将自己排出事物之外；既要积极思索，又要防止思虑过度。进得去，出得来，在适当的时机，当机立断，果断结束思虑，以免愁绪不断，愁思缠身。

其实大家不必要太过辛苦、太过执着，俗话说"良田千顷不过一日三餐，广厦万间只睡卧榻三尺"。谁真正领悟了它的含义，谁就能过得轻松自在，生活中知足常乐，睡梦里安谧宁静，走路踏踏实实，蓦然回首，身后没有遗憾。

思考题

1. 过思会对哪个脏器造成伤害?

2. 过思怎么办?

五、过恐伤肾：面对恐惧当"肾气凌人"

相信很多人还记得那种整天提心吊胆，惶恐不安，心烦意乱，总感到大难临头或危险迫在眉睫的惊恐心情，也体会过那种时刻在等待不幸的降临，已经预知未来可能发生危害和灾难，身处其中，痛苦不堪的感受。很多人在事情尘埃落定的时候，还带着这种惊恐的"后遗症"，很长时间不能安心。这是因为那份过分的惊恐，已经伤害了你的身体。

惊恐是一种常见的情志，我国古典名著《三国演义》中就有一段夏侯杰被张飞怒吼三声而吓得"肝胆俱裂"，落马而死的精彩故事。

恐作为人体的一种情志活动，是一种正常应答反应，不会对机体构成危害。相反，正是因为有了惊恐反应，人们在遇到生命危险时，才能及时逃避，避免机体及生命受到伤害。例如，当人们面临悬崖峭壁时，产生恐惧就能避免掉下悬崖的危险，这是一种有益的保护反应。但是，倘若惊恐情志发生过于激烈，或者恐惧持续时间过长，超过了人体所能调节的限度，而在思想认识上又不能主动或被动转移这种不良情绪状态时，恐就成为一种致病因素，对机体构成危害。

中医学认为"肾在志为恐"。过恐最易伤肾，因过恐而造成的危害，更多的是如面色苍白、冷汗淋漓、心慌不已、周身颤抖、二便失禁、四肢发软、精神恍惚，抑或阳痿滑精、宫寒带下、张口结舌、目瞪口呆、失眠、昏厥等表现，而致肾气耗损、精气下陷、升降失调，出现大小便失禁、遗精、滑泄、堕胎早产等。

现代心身医学研究认为，在动物和人体内，平时都存在少量的肾上腺素，在意外地遭受惊吓时，肾上腺素的分泌会突然增加。肾上腺素能加快心跳速率，加速血液循环，而且奏效迅速。循环过快的血液像洪水泛滥一样，猛烈地冲击心脏。强大的冲击力使心肌纤维撕裂或断裂，心肌组织出血，从而导致心脏骤停，置人于死地。尤其对于患有冠心病的人，较一般人更易因惊恐而死。

另外，人受到持续的恐吓时，体内分泌的肾上腺素会逐渐积累起来达到一定量，同样可以损害心肌细胞，造成心衰而致命。总之，惊恐虽是人体的一种正常情志活动，但过恐则会对身体构成诸多危害，甚至危及生命。所以，我们每个人都必须注意不要"过恐"，并及时纠正"过恐"。

中医认为，恐为肾志，思为脾志，因土能克水，而肾属水，脾属土，所以可用脾之志"思"来治疗各种由肾之志"恐"引起的疾患。古代医家吴昆说："思深虑远见事源，故胜恐也"，也就是说，对于惊恐致病，可使病者安静下来，用心思考，深思熟虑，去领悟事物真实状况，以解除恐惧的心理。

如名医张子和，曾治疗一位女病人。该妇人因夜宿客栈时，遇盗贼放火抢劫而受惊过度，从床上摔下来。从此以后，只要听见有一点响声，便会惊倒，不省人事。用各种药物治疗一年多而不见效，迫使家人行动都蹑手蹑脚，不敢碰出一点声响。后张子和认定其为惊恐所伤，采用"思胜恐"法治疗。他叫两个侍女抓住病人的两手，按在高椅上，面前放置一小茶几，说"娘子请看这里"，便用木块猛击小茶几，病人大惊，张子和忙解释："我用木块击茶几，有什么可惊慌的呢？"待她稍平静后又击一次，引起的惊恐就轻缓些了。再等一会儿又持续击了三五次。之后又用木杖击门，进一步叫人在她背后敲击窗户，病人逐渐变得安定。当天晚上又叫人敲击她的窗子，病人也逐渐习惯，不再晕倒。一两天后，即使听到打雷也不惊恐了。在日常生活中，我们在惊恐时，不妨自己或在旁人帮助下，仔细分析研究引起惊恐的因素，也许你会发觉原来只不过是虚惊一场罢了，根本无须害怕恐慌。当然，这种思考可以自己进行，也可以在医生的开导、劝慰下进行。

防止过度恐惧的其他措施：

1. 培养果敢精神

同遇一样的威胁，有的人吓得屁滚尿流、不知所措，而有的人却能镇静自若、临危不惧，这便与各人的"胆气"大小有关。"胆气"是可以培养的。因此，平素应注意培养自己果敢精神，遇事不要优柔寡断，树立辩证唯物主义思想，破除迷信，避免各种人为的紧张恐惧。

2. 要学会避恐

对于患高血压、冠心病、失眠等疾患的人，应注意避免各种恐怖因素。如不要观看带有恐怖阴惨镜头的电影、电视剧，不要夜晚独处，不要攀登高山等。

3. 暗示疗法

《古今医案按·诸虫》中载有一个人因酒醉后误饮了生有小红虫的水而恐惧不安，怀疑自己生了病。吴球将红线剪断如蛆状，用巴豆二粒，同饭捣烂，加入红线做成丸。令病人于暗室内服下，药后病人大便于盛有水的便盆里，见到红线在水中荡涤如蛆，病人以为虫已驱下，诸病也豁然治愈。这便是医生运用了暗示疗法，巧妙地解除了引起病人恐惧的因素，而使疾病得愈。

思考题

1. 过恐会对哪个脏器造成伤害？
2. 过恐怎么办？

推荐书目

《知己》，徐文兵，海南出版社 2018 年版。

推荐电影

《中医中国》（2021 年），谭博、白羽、吴静姣执导。

第五篇

健康秘籍：简易小方助你健康

养生保健不分富贵贫贱，不分男女老幼，不分何时何地。养生保健不需要大摆排场、大动干戈；只要你提高保健意识，随时都是你的健康课，随处都是你的健身房！所以大可不必为条件不好、时间不够所愁苦。大道至简，最有用的不一定是名贵中药、专家配方、独门按摩，其实简易的锻炼小方就是你最好的健康朋友。试一试你就会发现，养生没有多么复杂，实际上一看就懂，一听就明，一学就会，一用就灵！

【阅读提示】

1. 掌握简易健康小方的多样性。
2. 了解日常保健的实用技巧。
3. 掌握传统养生功法的应用。

一、健步行走，强身壮体又长寿

最好的医生是自己、最好的药物是时间、最好的运动是步行、最好的心情是宁静。步行运动对场地环境的要求不高，对时间要求不高，也不需要借助任何健身器材，且随时随地均可进行，这样的健身运动，你要真不练，那就是你的损失了。

说起步行，可以说是一种非常健康的养生运动了，西方医学鼻祖希波克拉底将它称为"最好的补药"，中医也将它称为"百炼之祖"。自古以来有众多名人和长寿老者，也都把步行作为保持精力和延年益寿的手段。如革命导师马克思、列宁都坚持步行锻炼，革命老人徐特立 90 岁时仍坚持每天步行。

为什么步行能够起到强身健体的作用呢？

中医有"人之有脚，犹如树之有根。树枯根先竭，人老脚先衰"的说法，也就是说，如果把我们的身体比作一棵大树，面目五官和毛发肌肤是茂盛的枝叶，体内经络是吸收和输送养分的枝茎，那么双足就是树的根基。人们把脚比作树的根，其实是很形象的。这不仅是因为它处于人体的最低部位，更重要的是，这里是人体众多经络的会聚处，全身 12 条经络中，就有 6 条通向双脚，而人的脚部约有 60 个穴位。这正像一棵大树有着无数的根系一样，根系越发达，树根越健壮，树冠才会枝繁叶茂。人在行走时，脚部穴位就能受到均衡刺激，促使人体五脏六腑的经络与外层的四肢关节互相沟通。这种人体各部分组织器官之间的联系，能有效地调节人体相应脏腑器官及各系统的功能，从而达到健身强体、防病治病、延年益寿的目的。

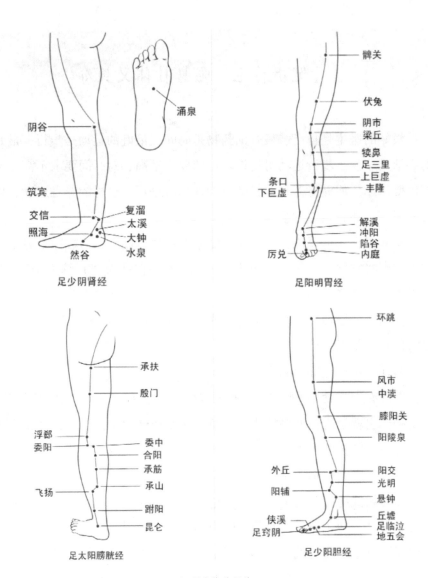

足少阴肾经

足阳明胃经

足太阳膀胱经

足少阳胆经

△ 通向脚的经络

　　在现代医学看来，脚相当于人的第二心脏，步行可起到锻炼心脏的目的，因为脚离心脏最远，从心脏流出的血到达脚部时，速度就变得比较缓慢，很容易留在脚部。但如果我们频繁地用脚行走，就会起到压缩血管、促进血液循环的重要作用。这样就等于帮助心脏工作。所以步行在治疗心血管疾病方面是非常有帮助的。

既然步行能够起到这么大的作用，你还等待什么呢？赶紧动起来走走吧。

怎么走呢？正确姿势是身体正直，挺腰收腹，两肩放松，颈部自然伸直，千万不要低头，不要驼背，目视前方，两臂摆动轻松自然，步伐要自如，有节奏走动，不要忽快忽慢就可以了。

《黄帝内经》里有句话叫"广步于庭"，也就是说，在自家院子里走走就能起到健身的作用，罪犯一定要走出这样一个误区，不一定非要爬山、郊游才是步行，才是锻炼，充分利用监内现有条件，如出工途中，或者在监舍内活动，不也是"广步于庭"吗？其健身功效自然也是相同的。

思考题

健身走怎么走？

二、叩齿咽津，健胃强骨又健脾

有首诗这样写道："法简效果好，一试见分晓，满口溢津液，祛病抗衰老。"这首诗说的就是叩齿咽津，这方法很实用，首先是保健效果好，既能健齿，又能健脾养胃，还有延年益寿等功效。其次是这方法不但简单易学，而且随时随地都能做，比为我们量身打造养生方还合适。

在古代，军队打仗一贯是"兵马未动，粮草先行"。一旦粮草出了问题，整个军队就会出现一连串的不良反应，甚至会导致全军覆没，可见粮草对于军队的重要性。我们的后天之本脾胃，其功能就如同军队的"粮库"，脾胃一旦失常，我们的生命就会失灵，随后也会引起一连串的不良反应。

脾胃既然是人体巨大的粮库，无论你是暴饮暴食、细嚼慢咽，还是忍饥挨饿，脾胃这个"粮库"一般都会默不作声，但如果长期暴饮暴食，脾胃也会承受不住，会发出抗议，甚至出现问题，那时你就会患上脾胃病。内经上说过"有胃气则生，无胃气则死"，也就是说，一个人有病了，倘若还能吃饭，就表明这个人的胃气尚存，气血生化之源还未绝，那么，病势可望由重转轻，预后良好。如果病到已不能进食，则表明胃气已绝，气血生化之源已绝，病势将由轻转重，逐渐恶化，终会危及生命。可见，脾胃的健康与否直接影响整个人体的状态。

那么，如何修复这受损的脾胃呢？首要的自然是改掉那些让脾胃受损的习惯，另外，我们还可以通过叩齿咽津来改善我们的脾胃的功能。叩齿咽津为什么能够改善脾胃功能呢？

首先，叩齿可起到健齿的作用。我们每次吃到嘴里的食物，不用说，首先必须要经过牙齿的咀嚼，舌头的搅拌，然后下咽至胃，由胃受纳。经过胃的腐熟，分解形成食糜后，通过"胃气主降"的作用，将食糜运送至十二指肠、空肠，这便是中医所指的"胃主受纳，脾主运化"之功能。在这一复杂的消化过程中，牙齿的作用自然不可低估，有句广告词叫"牙好，胃口就好，吃嘛嘛香"，也就是说，强健的牙齿可以帮助我们将食物嚼细磨碎，这样胃的消化负担就减轻了，从而可以达到养护胃的目的。

其次，叩齿可刺激唾液的分泌。大家都知道，唾液具有帮助食物消化的功能。所以经常吞咽唾液，可减轻脾胃的负担，从而达到健脾胃的目的。唾液为什么能够帮助食物消化呢？原来，中医里有"脾在液为涎，肾在液为唾"的说法，也就是说，我们的口水，主要由脾所分泌的"涎"和肾所分泌"唾"所组成，看见好吃的东西会流口水，叫"垂涎三尺"，表明此时分泌的是涎而不是唾。因为吃东西刺激的是脾胃，所以这时分泌的是涎。恋人动情亲吻时嘴里会分泌大量黏稠的津液，这是唾。因为你刺激的是肾。肾是主生殖的，有生殖冲动，必然会分泌唾。叩齿时，既可促进唾的分泌，也可促进涎的分泌。无论对健脾还是健肾来说都是非常有好处的。

说完了叩齿咽津健脾胃方面的功效，我们再来看看它的健肾功效。中医认为，"肾主骨"，"齿为骨之余"，即牙齿和骨骼都依赖于肾气的充足。肾气充沛时，牙齿就比较坚固，如果肾气不足了，牙齿就容易松动或者过早地脱落。而叩齿咽津就是通过对牙齿的刺激，激发了肾气，从而保证了由肾所管理的骨骼、脊髓、脑髓等部位的健康。因此，叩齿咽津不但能够支持骨骼生长和骨髓的生成，还可起到强健大脑的作用。

另外，叩齿咽津不但强健了后天的脾胃，先天的肾，还具有强健五脏的功效。正如宋代养生家蒲虔贯在《保生要录·调肢体门》中说"常以舌柱口齿，聚清津而咽之，润五脏，悦肌肤，令人长寿不老"。很多长寿老人的长寿奥秘也正在于此。

相传，三国时期有位叫皇甫隆的老者，他100多岁了，仍旧精神矍铄，耳聪目明，身康体健。当时叱咤风云的曹操还向他请教过长生之术。他告诉曹操"要想寿命延，朝朝服玉泉"。这里的"玉泉"其实就是唾液。

那么，叩齿咽津具体该怎么做呢？

做法可分为四步，第一步是"舌舐上颚"，用舌尖轻舐上颚，使舌端唾液频生。当津液满口后，分3次咽下。第二步是"赤龙搅海"，就是让舌头在口腔内舐摩内侧齿龈，由左至右、由上至下为序画两个36圈；然后，舌以同一顺序舐摩外侧齿龈36圈。第三步是"鼓漱华池"，其方法是口唇轻闭，舌头在舌根的带动下在口内前后蠕动。当津液生出后要鼓漱有声，共36次。津液满口后分3次咽下即可。第四步是"赤龙吐芯"，其方法是抬头闭口，然后突然把口张大，舌尖向前尽量伸出，使舌根有拉伸感觉。在舌不能再伸长时，再用力把舌缩回口中并闭口。如此一伸一缩，面部和口舌随之一紧一松，共做9次。待口水增多时，分3次咽下即可。

有句养生俗语叫管住嘴，迈开腿，管住嘴并不仅指吃东西，不说人是非、不恶语相向，也都是一个文明、健康之人应该具备的素质。另外叩齿咽津不也是管住嘴的一个方面吗？所以我们在这里送大家几句话，叫"口中言少，心头事少，肚中食少，自然睡少，依此四少，神仙可了"。

思考题

叩齿咽津怎么做？

三、提肛撮谷，治痔消疾又强肾

人的一生如果以保守数字平均每天 1.2 斤食入量计算，从出生到 80 岁，经过体内吸收后共产生出 8 吨~10 吨的粪便，这些粪便都要通过肛门排出体外。如此重要的人体垃圾排泄通道，人们对肛门的关注度却非常低，可以说是近乎于零。正因为对它的关注度非常低，所以肛肠疾病非常常见，有"十人九痔"之称。加强对肛门的保健和呵护。提肛撮谷无疑是最为适用的保健方法。

肛门，又叫"魄门"，首见于《黄帝内经》，书中有"魄门亦为五脏使"一语，也就是说，魄门为五脏所主使。既然魄门作为五脏的"使者"，那它就是一个经常被派出去活动的"人物"，所以"水谷不得久藏"，尤其是糟粕更不可久藏于肛门，都要从肛门走出去。

那么，中医为什么会将肛门称为"魄门"呢？有人认为，肺与大肠相为表里，功能上相互影响，肺脏藏魄，后阴又是大肠的末端，所以后阴有"魄门"之称。也有人认为，"魄""粕"两字音同，"魄门"是"粕门"的雅称。"魄"与"粕"两字相通假，自古皆然。有个成语"失魂落魄"，魂失了还可以找回来，而魄落了则预示着人的生机将尽。落魄，从哪里落呢？从大肠向下落。怎么证明呢？在老辈的经验中，人溺水救上来，先是要先看肛门有没有松。肛门松了，魄丢了，一般不好救了。肛门没有松，魄没有丢，要赶紧用东西堵住肛门，不让魄从肛门出来。不要轻视这个方法，很管用的。要想魄不飞的话，可以握固，握固法就是固"魄"的，方法就是盘腿，两条腿一盘住就如同一把锁，锁住了下焦，这样人也就定下心来了。

后阴与众多的脏腑有着生理联系。脏腑生理功能正常，后阴启闭方能正常，而后阴功能正常，又能协调各脏腑的功能，故有"魄门亦为五脏使"之说。后阴的正常启闭，有赖于肾气的固摄、大肠的传导、肺气的肃降、脾气的升提、胃气的降浊等。

不过，由于肛门在平常生活中很难运动到，因此为疾病留下隐患。导致后阴不能正常启闭的情况时有发生。那么，如何让后阴正常启闭呢？提肛是一种既简便又实用的肛门功能锻炼方法，具有预防和治疗肛门疾病的双重作用，早在唐朝孙思邈《枕中方》中就有"谷道宜常撮"的记载。

为什么提肛能够起到锻炼肛门的作用呢？

首先，提肛可起到"搭桥"的作用。人体要健康，也需人体气血运行的主要渠道畅通，以此为基础，才能四通八达，生命力才会旺盛。人体的主渠道就是阳脉督脉和阴脉任脉。只要在隔开二脉的断口处搭个桥，就可以把二脉相连。要开通二脉，就要搭两座桥，一为"上鹊桥"，即"舌头抵住上腭、牙龈"；二为"下鹊桥"，即下边尾椎谷道（肛门和脊柱的尾骨间），把上下两个断口接通，就把二脉连接起来了，二脉一通，与二脉气血运行不畅所导致的疾病也都可以治愈。

若从现代医学分析，坚持多次反复地收缩与放松肛门运动，可以防止盆腔静脉和痔静脉的瘀血，加速静脉血回流，降低静脉压，增强肛门部位抵抗疾病的能力，促使肛门病灶如痔疮、脱肛、肛裂等疾病的消失。撮谷道的锻炼带动了会阴的收缩与放松，可强化括约肌，对男女性功能的增强都十分有益。

其具体方法是收腹并慢慢呼气，同时有意识地向上收提肛门，当肺中的空气尽量呼出后，屏住呼吸并保持收提肛门 2 秒~3 秒，然后全身放松，让空气自然进入肺中，静息 2 秒~3 秒，再重复上述动作。也可以在尽量吸气时收提肛门，然后全身放松，让肺中的空气自然呼出。提肛运动每日 1~2 次，每次 30 下或 5 分钟。锻炼中要避免急于求成，以感到舒适为宜，关键在于持之以恒。

当然了，对肛门的保健，除了提肛，还需养成定时排便的习惯，大家记住"会阴紧缩喜洋洋，顿感握力在增强，建立排便生物钟，按时排便真轻松"这句顺口溜，多吃含纤维素高的食物，如蔬菜和粗粮等，对普通人而言，也就足够了。

思考题

提肛怎么提？

四、日常按腕，腕部健康撒手锏

在日常生活中，腕部的使用频率非常高，所以腕部的保健非常关键。这里推荐一种腕部的保健方法——按腕，如果多多练习，定会用坚持"腕"留住自己的健康。

上世纪九十年代有一部热播的武侠电视剧，名叫《甘十九妹》，剧中的男主角有一招名震江湖的绝招，叫作"金刚铁腕"，若遇强敌，可以将敌人一招毙命；而且在历史书上也常看到这样的评论，说某位大政治家为"铁腕人物"，意思是说，他的统治策略比较强硬。为什么那致命的绝招和大政治家都被称为"铁腕"，而不是"铁手"呢？由此可见腕部的重要性，只有通过腕部的作用，力量才能够传达到双手。

采用按腕这种简单有效的养生动作，可以起到保护腕部健康的作用。

腕部有6条阴经、6条阳经经过，如果我们在工作中手腕经常保持一种屈曲的姿势，势必会压制经筋的正常通道，日积月累，由经筋的不通而影响它的上级，这样就造成了关节甚至手掌、手指的肿痛、麻痹；皮肤、肌肉、关节得不到滋养，就会造成皮肤没有感觉，关节或手指活动不便，甚至局部肌肉萎缩。

那么，按腕是如何发挥其预防作用的？从中医上讲，肝主筋、脾主肉，通过按腕，可以有效刺激心包经的同名经肝经，可以起到舒筋通络的作用，筋络通了，它的上级6条阴经、6条阳经也就不会受到阻滞，气血就运送通畅了；刺激肺经的同名经脾经，就能使肌肉不致麻痹萎缩。这样，就起到了预防腕部疾病的作用。

如何按腕呢？按腕的手法有很多，下面具体的介绍其中一种：

用左手的大拇指按揉右手的手腕，以按揉手腕有酸痛感为好，按揉3~5遍，并配合手腕的屈伸旋转运动，右手按揉左腕如同前法。

不过大家在做按腕锻炼时，还需记住以下两个注意事项：一是在操作过程中，用力要适度，不要过于粗暴，伤损皮肤；二是当手腕部有外伤、疮疡或腕管综合征严重、出现肌肉萎缩者不宜进行此操作。

思考题

1. 按腕怎么按？
2. 按腕有哪些注意事项？

五、挤按眼穴，通络明目解疲劳

当眼睛受到伤害或过度使用后，会出现眼睛浮肿、黑眼圈、眼干等问题，如何预防和缓解这些眼部问题呢？我们这里推荐了两种简单眼部的保健操——熨目和按摩。

对于眼部保健，要介绍给大家的第一种方法是熨目。什么是熨目呢？熨目简单地说就是把两手搓热了，利用搓热的温度，以及手部和眼部穴位来为眼睛做保健。这个方法记录在《诸病源候论》中。

据《诸病源候论》中记载："鸡鸣，以两手相摩令热，以熨目、三行，以指抑目。左右有神光、令目明、不病痛。"意思是讲，用双手掌面相对，摩擦搓热，然后把手掌放于两眼之上。于此反复做几次，再用食指、中指、无名指轻轻按压眼球，稍停片刻，这也就是所说的"以指抑目"，时间上也不一定只在早晨，只要你有空闲都可以做，每次5分钟~10分钟，每天保证2~3次即可。

熨目为什么具有保健眼睛的效果呢？原因不仅是它在按摩时"照顾"到了眼眶周围的攒竹、鱼腰、丝竹穴、瞳子、承泣等穴位。另外，在摩擦手掌时，手上的鱼际、劳宫和少府等穴位同时得到按摩，这些经脉疏通活络而又作用于目，因此常做的话，可以起到保护眼睛的功效。

另外在做这个保健操时，必须将双手搓热，这个温度对眼睛的保健效果也非常好。

在《圣济总录》中这样说："气血得温利则宣流，得寒则凝泣。肝藏血，上注于目。若肝经虚寒，则目多昏暗泪出之候。古方用温熨之法，盖欲发散血气，使之宣流尔。"也就是说，把双手搓热后，才有利于疏通瘀滞的气血，使之发散开来，否则，就达不到理想的效果。

除熨目外，对于减轻眼睛的干涩、疲劳、无神、疼痛等症状，也可以用下面这种按摩方法。

按摩时从攒竹开始，就是两个眉头，一按会感觉有些凹陷，酸胀。力度怎么把握呢？要有一点酸胀的感觉，太轻了就没什么效果了。向内向外揉按几次，时间长短可以自己掌握，然后逐渐地沿着眉毛滑到鱼腰，也就是眉中心处，在这里停顿按几下，再向外滑，到鱼尾穴，就是眉尾，停顿，按几下，头部有点向内被夹着的感觉。然后稍微往外滑一点，就到了太阳穴，太阳穴这儿要多按一会儿，力度要加大一点儿，因为这个部位对缓解眼睛疲劳有很大作用。第一组就算做完了。

第二组有两个穴位。第一个穴位，叫作承泣。当你哭的时候，泪水就掉到这儿来了，就在眼眶下缘的正中间，在颧骨上缘。这个对于迎风流泪，视疲劳等，都有很好的作用。按完以后，沿着下眼眶往两侧推一下，可以减轻皱纹和皮下脂肪积聚。再往下按第二个穴位，四白，承泣的正下边，在颧骨下缘。对视疲劳、眼干有好处，还可以增加目力。

除了进行简单的眼部按摩来保护眼睛，还可以采用远眺的方法缓解视力疲劳。

思考题

熨目怎么做？

六、头部推按，松弛神经又延年

俗话说得好："若要人不老，先防脑衰老。"头部推按是一种简单而有效的健脑方法。

说到头部推按，实际上方法很多，除了用指腹按摩，你还可以根据自己的喜好选择以下几种方法：

一是手掌按摩法：将手掌搓热，掌面附着于头顶，做环形而有节律的抚摩运动，再以头顶为中心，前后、左右按摩，最后转圈按摩，直到局部发热为止。

二是掐头按摩法：将两手十指屈曲，像鹰爪一样用手指尖掐头皮，先轻后重，掐后再用拇指和食指揉一揉头皮。

三是叩击按摩法：将手指撮合一处，指尖合拢成五瓣梅花状，在头部从前到后，先中间后两旁，做普遍的叩击动作，手法宜轻柔均匀。

为什么这么简单的方法就能够起到健脑的功效呢？

因为，在中医看来，"头为诸阳之会"。意思是头为诸阳经气的会聚之处。又是"清阳之腑"，无论是五脏精华的血，还是来自六腑的清阳之气，都通过经络而上注于头部。所以头部就像是一座城市里的交通枢纽一样，来自四面八方的道路都在这里交会。而经络就像是道路，穴位就像是红绿灯，气血仿佛是来往的车辆。道路通畅，红绿灯正常运转，车辆就能畅通无阻。但是如果长期不闻不问，就像没有人管理的道路一样，随时都可能导致交通拥堵。而经络不畅、气血不通则是神经紧张、早衰的主要原因，甚至会引起心血管疾病、脑梗塞之类的疾病。谁是气血的通路呢？经络嘛，头部推按实际上就是疏通经络，经络一通气血就跟上了。气血一通头部，头脑自然也就变灵活了，神经自然也就得到松弛了。

头部还集中了百会、四神聪、风池、太阳等穴位。头部推按能有效地刺激这些穴位。从而起到了缓解紧张情绪、保健大脑的作用。我们首先来看百会穴，百会穴为什么缓解紧张情绪，保健大脑呢，因为该穴位不仅是"督脉"在头部的重要穴位，同时是多条经脉的会聚之处。由于这是条能够兼顾到多条经脉的穴位，因此功效众多，尤其是在治疗脑部疾患上，功效尤为突出。据传，有一天，唐高宗和皇后武则天在后宫里饮酒欣赏歌舞。忽然，唐高宗剧烈头痛，并觉得天旋地转，后来由一个叫秦鸣鹤的医生在唐高宗头顶扎针放血。结果唐高宗的病豁然而愈，堪称立竿见影。秦鸣鹤所取的穴位是什么呢？就是百会穴。

头部推按不仅能够安神醒脑，同时具有治疗脱发的作用。我们都知道，如果土地板结了，它就不能产出粮食。如果头皮像土地一样板结的话，结果将会怎样呢？首先是发根的血管得不到充足的血液而干瘪、闭塞，继而头发所产生的垃圾无法及时代谢，依附在头皮之上，时间一长，头发就会开始变"瘦"、变黄、变白，甚至是整片地脱掉。要让板结的土地也能长出绿草、开出鲜花、结出硕果，最简单的方法是松土，而头部的推按等同于松土，所以具有防止脱发的功效。

思考题

本书介绍了3种头部推按的方法？请分别介绍这几种头部推按的详细操作流程。

七、搓掌摩面，延缓衰老好容颜

爱美之心，人皆有之。但是，美不能仅依赖化妆品，实际上不少化妆品护肤，做的仅是"表面功夫"而已，美是美了，但对于健康未必有利。有没有一些绿色无污染的驻颜术呢？搓面无疑是其中比较常用的一种，它能够延缓皮肤衰老，让面色红润，容光焕发。

搓面疗法又称"摩面""擦面"等，是一种古老的养生法，在我国有着悠久的历史。根据药王孙思邈《千金翼方》记载，此法最早为彭祖所创。彭祖大家都熟悉，相传他是一位大寿星，活了800多岁。且不管是真是假，但是这个搓面养生法，确是历代养生家所推崇的。据《拾遗记》记载，三国时期，孙权的儿子孙和不小心烫伤了心爱的邓夫人，医生用白獭的骨髓与白玉、琥珀配制成外用药让其搓面，治愈后邓夫人面部白里透红，更加娇艳动人。在明末，相传李自成领导的农民起义军中有一位被尊为"老神仙"的军医，他用草药配制成外用药，治疗面部和身体其他部位的瘢痕，屡见奇效。

那么，搓脸为什么能养颜治病呢？

中医理论认为，人体的经络、脏腑和皮肤之间，都是紧密联系在一起的，是"打断骨头连着筋"的关系。脏腑和皮肤互为表里。经络将两者联系在一起。经络内连于脏腑，外接着四肢与皮肤。据《黄帝内经·灵枢·邪气脏腑病形》记载"十二经脉，三百六十五络，其血气皆上于面，而走空窍……其气之津液皆上熏于面"。由此可知，来自人体全身的经脉、络脉，像老朋友聚会一样，都聚集在面部。同时，面部也是脏腑气血上注的地方。因此，我们以手摩面，其实就是在给面部做个全方位的按摩。促进面部气血的流通，气血足了，皮肤就能得到滋养，从而延缓和防止皱纹的出现，达到健美皮肤之目的。同时，这样做还有益脑健身功效。古代养生家认为："面为五脏之华，频洗可以发扬之。"也就是说，面部的色泽是五脏气血外在的表现，而经常摩面，能够保持经络畅通，让面部的气血充盈，这样面部的皮肤就能得到润泽，从而让皮肤娇嫩。

不仅如此，经常用双手干浴面，还能提高皮肤抵御风寒的能力。现代医学研究，面部皮肤有着丰富的毛细血管，干浴面可以增强面部的血液循环，从而增强抵抗疾病的能力。从中医上来讲，干浴面可充足面部的气血，调高皮肤抵御外邪的能力，而达到预防感冒的目的。

除了能除皱、防风寒，清代医学家吴尚在《理瀹骈文》中还记载："晨起擦面，非徒为光泽也，和气血而升阳益胃也。"可见经常擦面，对提升人体阳气以及健胃也有好处。尤其是当感觉疲惫时，用双手擦擦面，很快就能让你精神抖擞，效果可谓立竿见影。

经常给脸部干浴，能够很好地延缓和预防面部皱纹、鱼尾纹的出现，而且对于预防感冒、失眠、缓解疲劳都有很好的作用。

干浴面，方法简单易于操作。其具体做法是将两手掌相对用力搓动，速度由慢到快，直到两手发热为止。当手掌搓热后，立即改搓面部，先从左侧开始，经额头到右侧，再经下颌部搓回左侧，如此为1周。从左到右顺时针方向轻轻搓揉10余周，再从右到左逆时针方向轻轻搓揉10余周，每日早晚各1次。

在搓面的同时，还可配合搓耳。中医认为，耳朵是全身经络汇集之处，人体各个部位都与耳廓通过经络形成密切的联系。按摩耳廓就能打通全身经络，活跃机体脏腑，特别是肾脏。肾开窍于耳，经常搓耳朵就是对肾脏的调理和养护，而肾在体主骨，肾功能强，必然骨骼结实，骨质疏松的症状就不会发生。

思考题

搓面怎么搓？

八、摩鼻按鼻，增强机体抗病力

鼻子外与自然界相通，内与很多重要器官相连，是呼吸道的门户，呼吸功能在人体生命中的作用是人人皆知的。作为人体呼吸道的鼻子，是具有多功能的调节器，而且鼻子在五官中居于中枢地位，具有四通八达的特点。因此，一旦鼻子出现疾病，眼耳口鼻等都会受到影响。怎样才能保证鼻子的健康呢？摩鼻不失为一种既简单又有效的方法。

正如我们前面所说，鼻子是人体与自然界发生关系的重要场所。所有的外邪通常都会通过鼻子侵入人体，摩鼻可保证鼻部的经络气血畅通，从而有效地抵御了外邪的侵犯。

摩鼻的方法，主要有两种。

一种是用一只手的食指和中指分别伸入两鼻孔，夹住鼻中隔轻轻揉捏，每分钟约 60 次，以鼻子有轻微的酸胀感为止。进行此操作需要注意的是，揉捏手法不要过于粗暴，手指不要伸入过深，避免损伤到鼻黏膜；患有鼻疮、鼻出血或鼻梁骨折、损伤的人禁止进行此操作。

另一种是用两手拇指外侧相互摩擦，以有热度为宜；用两手拇指外侧沿鼻梁、鼻翼两侧上下按摩 30 次左右；再用两手拇指外侧按摩鼻翼两侧"迎香穴"15~20 次（迎香穴位于鼻翼外缘中点旁，鼻唇沟中）。这种方法具体操作中一定要注意手法，应该由轻到重，不要损伤皮肤，鼻部患有鼻出血、疖肿、皮肤病时，不宜进行此操作。

两种方法一内一外，具有异曲同工之妙，配合使用，效果更佳。

鼻部的保健，除按摩鼻以外，洗鼻也有一定的保健作用。洗鼻时，用掌心盛温水或温盐水，低头由鼻将其轻轻吸入，再经鼻擤出，反复数次。需要特别指出的是，晚上睡觉前的冲洗尤为重要。经过一天的工作、奔忙，鼻腔内黏附了大量灰尘，如果鼻子的自洁作用效果减退，鼻腔内分泌物增多，夜间就容易倒流入咽喉甚至气管，引起咳嗽或咽部不适。睡觉前冲洗一下，就能减少倒流。

此外，护鼻还应纠正用手挖鼻孔、拔鼻毛或剪鼻毛等不良习惯，因为损害鼻毛和鼻黏膜不但会影响鼻腔的过滤功能，引起鼻腔内细菌感染，还可能引起颅内和耳的疾病。

鼻子健康了，身体才能强壮。所以，当你真的苦不堪"炎"时，最好对鼻子进行一下按摩，这样你说话才有"底气"。

思考题

1. 摩鼻有哪两种方法？
2. 这两种摩鼻方式分别有什么注意事项？

九、锦绣功法，强身健体百病消

八段锦功法是一套独立而完整的健身功法，起源于北宋，共 800 多年的历史。古人把这套动作比喻为"锦"，意为五颜六色，美而华贵。现代的八段锦在内容与名称上均有所改变，此功法分为八段，每段一个动作，故名为"八段锦"。

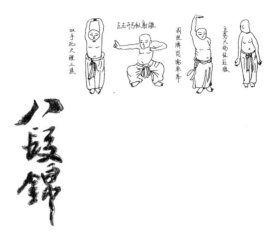

第一段　双手托天理三焦

（1）两脚平行开立，与肩同宽。两臂分别自左右身侧徐徐向上高举过头，十指交叉，翻转掌心极力向上托，使两臂充分伸展，不可紧张，恰似伸懒腰状。同时缓缓抬头上观，要有擎天柱地的神态，此时缓缓吸气。

（2）翻转掌心朝下，在身前正落至胸高时，随落随翻转掌心再朝上，微低头，眼随手运。同时配以缓缓呼气。

如此两掌上托下落，练习 4~8 次。此式以调理三焦为主。对腰背痛、背肌僵硬、颈椎病、眼疾、便秘、痔疮、腿部脉管炎、扁平足等也有一定的防治作用。此式还是舒胸、消食通便、固精补肾、强壮筋骨、解除疲劳等极佳方法。用以治疗预防脉管炎时，要取高抬脚跟的做法。

第二段　左右开弓似射雕

（1）两脚平行开立，略宽于肩，成马步站式。上体正直，两臂平屈于胸前，左臂在上，右臂在下。

（2）手握拳，食指与拇指呈八字形撑开，左手缓缓向左平推，左臂展直，同时右臂屈肘向右拉回，右拳停于右肋前，拳心朝上，如拉弓状，眼看左手。

（3）（4）动作与（1）（2）动作同，唯左右相反，如此左右各开弓4-8次。

这一动作重点是改善胸椎、颈部的血液循环。对上、中焦内的各脏器尤对心肺给予节律性的按摩，因而增强了心肺功能。通过扩胸伸臂、使胸肋部和肩臂部的骨骼肌肉得到锻炼和增强，矫正两肩内收圆背等不良姿势。

第三段　调理脾胃须单举

（1）左手自身前成竖掌向上高举，继而翻掌上撑，指尖向右，同时右掌心向下按，指尖朝前。

（2）左手俯掌在身前下落，同时引气血下行，全身随之放松，恢复自然站立。

（3）（4）动作与（1）（2）动作同，唯左右相反。如此左右手交替上举各4~8次。

这一动作主要作用于中焦，肢体伸展宜柔宜缓。由于两手交替，一手上举一手下按，上下对拔拉长，使两侧内脏和肌肉受到协调性的牵引，特别是使肝胆脾胃等脏器受到牵拉，从而促进了胃肠蠕动，增强了消化功能，长期坚持练习，对上述脏器疾病有防治作用。熟练后亦可配合呼吸，上举吸气，下落呼气。

第四段　五劳七伤往后瞧

（1）两脚平行开立，与肩同宽。两臂自然下垂或叉腰。头颈带动脊柱缓缓向左拧转，眼看后方，同时配合吸气。

（2）头颈带动脊柱徐徐向右转，恢复前平视。同时配合呼气，全身放松。

（3）（4）动作与（1）（2）动作同，唯左右相反。如此左右后瞧各 4~8 次。

此式对防治颈椎病、高血压、眼病和增强眼肌有良好的效果。练习时要精神愉快，面带笑容，乐自心生，笑自心内，只有这样配合动作，才能起到对五劳七伤的防治。

第五段　摇头摆尾去心火

（1）马步站立，两手叉腰，缓缓呼气后拧腰向左，屈身下俯，将余气缓缓呼出。动作不停，头自左下方经体前至右下方，像小勺舀水似的引颈前伸，自右侧慢慢将头抬起，同时配以吸气；拧腰向左，身体恢复马步桩，缓缓深长呼气。同时全身放松，呼气末尾，两手同时做节律性掐腰动作数次。

（2）动作与（1）动作同，唯左右相反。如此（1）（2）动作交替进行各做 4~8 次。

此式动作除强调"松"，以解除紧张并使头脑清醒外，还必须强调"静"。"心火"为虚火上炎，烦躁不安的症状，此虚火宜在呼气时以两手拇指做掐腰动作，引气血下降。同时进行的俯身旋转动作，亦有降伏"心火"的作用。动作要保持逍遥自在，并延长呼气时间，消除交感神经的兴奋，以祛"心火"。同时对腰颈关节、韧带和肌肉等亦起到一定的作用，并有助于任、督、冲三脉的运行。

第六段　双手攀足固肾腰

（1）两脚平行开立，与肩同宽，两掌分按脐旁。

（2）两掌沿带脉分向后腰。

（3）上体缓缓前倾，两膝保持挺直，同时两掌沿尾骨、大腿向下按摩至脚跟。沿脚外侧按摩至脚内侧。

（4）上体展直，同时两手沿两条大腿内侧按摩至脐两旁。如此反复俯仰 4~8 次。

腰是全身运动的关键部位，这一式主要运动腰部，也加强了腹部及各个内脏器官的活动。长期坚持锻炼，有疏通带脉及任督二脉的作用，能强腰、壮肾、醒脑、明目，并使腰腹肌得到锻炼和加强。年老体弱者，俯身动作应逐渐加大，有较重的高血压和动脉硬化患者，俯身时头不宜过低。

第七段　攒拳怒目增气力

预备姿势：两脚开立，呈马步状，两手握拳分置腰间，拳心朝上，两眼睁大。

（1）左拳向前方缓缓击出，成立拳或俯拳皆可。击拳时宜微微拧腰向右，左肩随之前顺展拳变掌臂外旋握拳抓回，呈仰拳置于腰间。

（2）与（1）动作同，唯左右相反。如此左右交替各击出4~8次。

此式动作要求两拳握紧，两脚拇趾用力抓地，舒胸直颈，聚精会神，瞪眼怒目。此式主要运动四肢、腰和眼肌。其作用是舒畅全身气机，增强肺气，同时使大脑皮层和植物神经兴奋，有利于气血运行，并有增强全身筋骨和肌肉的作用。

第八段　背后七颠百病消

预备姿势：两脚平行开立，与肩同宽，或两脚相并。

两臂自身侧上举过头，脚跟提起，同时配合吸气。两臂自身前下落，脚跟亦随之下落，并配合呼气，全身放松。如此起落4~8次。

此式通过肢体导引，吸气两臂自身侧上举过头，呼气下落，同时放松全身，并将"浊气"自头向涌泉引之，排出体外。由于脚跟有节律地弹性运动，从而使椎骨之间及各个关节韧带得以锻炼，对各段椎骨的疾病和扁平足有防治作用，同时有利于脊髓液的循环和脊髓神经功能的增强，进而加强全身神经的调节作用。

思考题

1. 第一段"双手托天理三焦"的主要作用是什么？

2. 第二段"左右开弓似射雕"对哪些部位有改善作用？

3. 第三段"调理脾胃须单举"如何促进消化功能？

4. 第七段"攒拳怒目增气力"的主要作用是什么？

5. 第八段"背后七颠百病消"如何帮助排出体内"浊气"？

十、五禽招式，回归原始好身体

华佗（约145-208年）创编的五禽戏是中国传统导引养生的一个重要功法。2011年，华佗五禽戏被国务院命名为第三批国家级非物质文化遗产项目。

现代流传下来的传统华佗五禽戏，套路上主要分为虎戏、鹿戏、熊戏、猿戏和鸟戏。

（1）虎戏。习练虎戏时，需手足着地，身躯前纵后退3次，然后引腰、昂头，如虎行步，前进、后退七步。虎戏气势威猛，能升肾水之气以固肾，肾气固则精气足，气足则五脏六腑皆固。久练能通督脉，督脉通诸脉皆通，精力自然充沛。

△ 虎戏

△ 鹿戏

（2）鹿戏。习练鹿戏时，需双足着地，回头顾盼2次，然后左脚右伸、右脚左伸2～3次。较之虎戏的威猛，鹿戏则显得安详，需要以意领气，气蓄于丹田，能使气盈溢而散布到人体内各处，配合呼吸，气行血走，血液循环周流。正如华佗所述，血脉通，病不得生。

（3）熊戏。习练熊戏时，需仰卧，两手抱膝抬头，躯体向左、右倾侧着地各7次，然后蹲起，双手左右按地。熊戏沉稳，模仿熊的形象，取其体笨力大敦厚之性。习练时，意随形动，形随意动，达到形意一体。熊戏主脾胃，练熊戏能起到四肢筋腱、肌肉发达、增长力气、灵活关节、强身壮体的作用。

△ 熊戏

△ 猿戏

（4）猿戏。习练猿戏时，需双手攀物悬空，伸缩躯体7次，或以下肢钩住物体使身体倒悬。然后手钩物体做引体向上7次。猿戏灵巧，仿效猿的动作，外可练肢体灵活，内可抑情志动荡，即可练心。心神主血脉，血脉疏通可提神，因此久练猿戏，能够灵活脑筋、增强记忆、开阔心胸，也可防治健忘、心脑等疾病。

（5）鸟戏。习练鸟戏时，需一足立地，两臂张开做鸟飞状。然后取坐位，下肢伸直，弯腰用手摸，再屈伸两臂各7次。鸟戏轻盈，仿效鹤展翅飞翔的动作，具有通畅气脉、增强肺活量、疏通经络、灵活关节、疏导真气通三关达顶门之效，使上下运行而得安静，神

△ 鸟戏

静则气足，气足而生精，精溢而化气，从而达到精、气、神三元合一，体健身轻，延年益寿。

练习前先要宽衣解带，排除大小便以及除掉各种硬物，以免练功外动时毁坏物体或碰伤身体。

练功姿势：以自然站式为主，如体弱有病或不能久立者，可以采用平坐或仰卧式，或三者交替使用，避免久立不能支持而产生头晕心悸现象。

（1）自然站式：两脚开立，脚外侧与肩同宽，脚尖平行向前，上体自然正直，微向前倾，两手下垂，置于体前侧，稍离开大腿，头颈稍向前低，使鼻尖对自己肚脐。

（2）平坐式：在高低适当的椅子上正坐，两脚平放触地，上身与大腿、大腿与小腿之间均成90°角，两下肢相距与肩同宽，平行向前，两手垂于大腿两侧，小腿垂直于地面，头颈正直，沉肩垂肘。

（3）仰卧式：自然仰卧。

在3种练功姿势中，站式易放松故易于发动，坐式则较难发动，卧式更难动。可根据练功者的身体状况、习惯而选择，亦可按病情需要，随意选择自己感到舒适的自由姿势来练习。

思考题

1. 虎戏的主要作用是什么？
2. 鹿戏的练习要点是什么？
3. 鹤戏的练习动作有哪些？
4. 熊戏的主要作用是什么？
5. 猿戏的练习动作有哪些？

推荐书目

《手到病除之经络养生：十二经脉与奇经八脉》，曲黎敏，四川科学技术出版社2022年版。

推荐电影

《送你一朵小红花》（2020年），韩延执导。

第六篇

疾病保健：多发疾病自我预防

　　俗话说，治病不如防病，与其病时痛苦遭殃，把精力和时间花费在求医吃药上，不如平时多多预防。"药王"孙思邈说："上医治未病之病，中医治将病之病，下医治已病之病。"治未病之病、将病之病的好医生当然难找，而自己的身体自己熟悉，自己健康要自己把握，自己的人生要自己关爱！多了解、多学习养生保健知识，多掌握防病、治病的方法，不仅对自己身体有好处，也能为身边的朋友、家人献上一片真挚的关爱。你不经意的一个小举动，一个小方法，换来的不仅是大家平安，更是给亲人、朋友们送上的无可替代的温暖！

【阅读提示】

1. 掌握常见疾病的自我预防方法。
2. 了解慢性病的自我管理技巧。
3. 掌握老年疾病的预防策略。

一、感冒之时自我预防

感冒可以称得上是人类最常见的疾病之一，谁敢说自己从来没得过感冒？对付感冒的方法相信大家也接触了许多，也都有很多"战斗"心得，那么这些经验办法到底正不正确，服刑期间应该选择什么样的方法和感冒作斗争呢？你不妨参考一下我们的防治方法。

1918年，第一次世界大战的战火还在继续摧毁着人们的生命和家园，然而对于世界而言，当时带来威胁最大的却是这一年开始的一场感冒，在这场感冒中，全球有4000万人因此丧生，数字竟然超出了"一战"中的死亡人数。仅美国，就有55万人死亡，比其在后来的"二战"、朝鲜战争和越南战争中死亡人数的总和还多。感冒竟然令可怕的战争都自叹弗如，其破坏性之大足以让人闻风丧胆。

有人说了，那不是流感吗？普通感冒哪有那么大威力？大家千万不要小看了感冒一病，尤其是对于老年人和患有慢性病的人来说更是如此。所以在中医当中，感冒又有"万病之源"之称，患上感冒之后，不但可使原有的慢性支气管炎、支气管哮喘、心脏病、肾病、癌症等慢性病加重甚至恶化，还可能引发肺炎等并发症，甚至危及生命。所以，即便是小感冒也得赶紧治疗。

要防治感冒，首先认识一下感冒的原因

中医认为，感冒的发生主要由于体虚所导致的，当镇守人体体表的"护卫部队"卫气抵挡不住外界的风寒、风热等邪气时，邪气乘虚由皮毛、口鼻而入，引起一系列肺卫症状。由于邪气的不同，感冒又分为风寒、风热、时行、暑湿等多种症形。其中尤以风寒感冒和风热感冒最为常见。要区别这两种感冒，可以从以下这几个方面入手。

一是看鼻涕。流清鼻涕的多为风寒感冒，不流鼻涕或者流浓鼻涕的多为风热感冒。

二是看痰液。痰液清稀的多为风寒感冒，痰液浓稠而色黄的多为风热感冒，痰液浓稠而白的多为暑湿感冒。

三是看发热轻重。发热轻的多为风寒感冒，发热重的多为风热感冒。

四是看怕冷程度，怕冷重的多为风寒感冒，怕冷轻或者不怕冷的多为风热感冒。

五是看出汗，不出汗的多为风寒感冒，汗出热不解的多为风热感冒。

无论是风寒感冒还是风热感冒，由于都是外邪入侵，因此都需要驱邪，就是把侵入体内的邪气透散出去。好比把强盗从家里赶走。如果不懂得透邪，把邪气留在体内，就无异于关门捉贼，贼是捉住了，但家里也一片狼藉。有的感冒看似治好了，但邪气并未透出，而是传到其他部位了。怎么祛邪呢？感冒在中医里属表症，病位较浅，其治疗的另一原则为"透表"。因此，感冒要痊愈，就得将人体内的邪气透过皮肤、毛孔以及七窍散发出去，达到"祛邪透表"的功效。这就好比家里来了小偷，我们要保证财产安全就得把小偷赶出门去，道理是一样的。

对于风寒感冒

可通过按摩人中、风府穴来防治。人中穴又称"水沟穴"，在人中沟上 1/3 与下 2/3 交接处，是常用的急救穴。人中穴之所以能用于急救，与其行气开窍的作用不无关系，昏迷的时候，不仅气息全无，人所有的大窍，嘴、鼻子等呈闭合状态，而一掐人中，就好比接上了电，不仅气通了，闭合的嘴巴、鼻子等重新恢复了其呼吸的功效。感冒也会导致窍的不通，鼻塞是大窍不通的表现，而头痛、感觉全身不适等是毛孔等小窍不通的表现，所以人中穴同样可以用来治疗感冒。

按摩风府穴的原因，是人们在长期的摸索当中发现，在人体当中有很多地方很容易遭受风的袭击，所以将其命名为"风"，如风府、风池、风门、翳风等，在这些风穴当中，尤以风府为最。风是指风邪；而府，我们知道在过去是指衙门的意思，风府穴就是统领风穴的衙门。在人体中，风邪侵袭人体，首先找的就是风穴的衙门，所以古人说风府，受风要处也。按摩风府穴，也相当于加强对这个衙门的看管，从而有效地防治感冒。对于风府穴，还有一点值得注意，就是这个穴是禁灸的，因为火借风势，会更加猖狂，在体内乱窜。

具体该怎样按摩呢？很简单，先找到人中穴，用大拇指指端拍压约半分钟，然后再找到风府穴，闭目，先以两手四指交叉合起固按于后头枕部，分开两拇指，置于风府穴处，分别用拇指的指端有节奏地按揉，以局部感觉有酸痛为止。按摩可以在以下两种时刻进行：一是每次脱衣前或起床穿衣前；二是从室内到室外前。

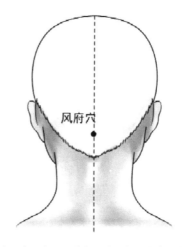

△ 后背正中一条线，往上，在开始长头发的边缘，用大拇指中间的关节在这个边缘向上比划，一横指就是1寸。也可在后脑的正下方摸到一处凹陷即为风府穴

△ 人中穴位于上唇上中部，人中穴在人中沟上1/3与2/3交界处

对于风热感冒

可按摩大椎、外关、合谷穴来防治。大椎穴位于脖颈后方，是"阳脉之海"督脉经穴，督脉行于人体的背侧，背为阳，阳出表，故大椎穴有振奋人体阳气的功能，具有清热解表的功效，可治疗恶寒、发热、

喘咳等症。正坐低头，颈后部隆起最高处且能屈伸转动的为第 7 颈椎棘突，在其下方凹陷处便是该穴。外关穴是八脉交会穴，有解表祛风的作用。该穴位于前臂背侧，手腕横皱纹向上三指宽处，前臂内桡、尺两骨之间，即是该穴。合谷穴即人们常说的"虎口"，在手部，将拇指、食指张开，以一手拇指

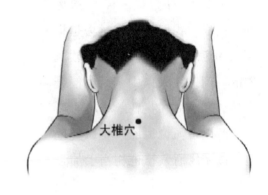

△ 取穴时正坐低头，大椎穴位于颈部下端，第七颈椎棘突下凹陷处。若突起骨不太明显，让活动颈部，不动的骨节为第一胸椎，约与肩平齐

的指间关节横纹放在另一手拇指、食指之间虎口上，拇指尖下即是该穴。合谷穴具有清热解表、理气开窍的功效。"三剑合璧"，按摩这三个穴位，可达到防治感冒的作用。

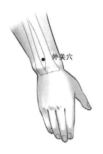

△ 外关穴位于前臂背侧，手腕横皱纹向上三指宽处

△ 合谷穴即人们常说的"虎口"，在手部，将拇指、食指张开，以一手拇指的指尖关节横纹放在另一手拇指、食指之间虎口上，拇指尖下即是该穴

　　具体操作方法是用拇指指腹附着在大椎穴上，轻揉 36 次，再分别用力按摩其左右外关和合谷穴各 36 次即可。

　　除此之外，经常搓手，对于感冒有很好的预防作用。每日搓搓，对改善易感冒的体质大有益处，且对咽痛、打喷嚏等感冒早期症状有效。此法很简单，对搓两手大鱼际，直到搓热为止。搓法似双掌搓花生米一

样，一只手固定，另一只手搓动，两手上下交替，搓 1 分钟~2 分钟，整只手掌发热即可。

思考题

1. 风寒感冒可按摩哪些穴位?
2. 风热感冒可按摩哪些穴位?

二、便秘之时自我预防

俗话说："百病之源在便秘。"许多人健康意识非常淡薄，对于小病小疾毫不在意，特别是对于便秘这样的问题，更是视而不见，实际上，便秘的危害是相当大的。

如厕时用力过大而猝死的例子不胜枚举。中国有文字记载以来第一个如厕猝死的要算春秋时期的晋景公，他突然感觉肚子胀，于是"如厕，陷而卒"。由此可见，便秘的危害是非常大的。

那么，便秘是什么原因引起的呢？中医理论认为，便秘的发生虽与脾胃肝肾等脏腑的功能失调有关，但还是与大肠有关，其本质都是津液不能濡润大肠，使大肠的传导功能失调所致。平时，大肠接受小肠泌别清浊后下传的食物残渣，再吸收其中多余的水分，形成粪便，经肛门排出体外。而有时候大肠又像是一位惹不起的"尊贵宾客"，一旦受到某些刺激，稍不如意就会发火。如胃热过盛，损耗津液，肠道失润；或者脾气不足，气虚而导致大肠传送无力；又或者肝气郁结，而"气内滞而物不行"等，失去足够的津液润泽大便，而致使大便燥结在肠内停留的时间过长，无法排出，最后苦不堪言。按摩一些能够调节大肠功能的穴位，是一种有效的治疗手段。

常用的穴位有天枢穴、大肠俞、关元等。天枢穴是大肠的"募穴"。所谓"募穴"，就是集中了五脏六腑之气的胸腹部穴位。因为与脏腑是"近邻"，一旦有病邪侵犯，天枢穴都会出现异常反应，因此，它还起着"信号灯"的作用。天枢穴对应着肠道，按揉此穴，必然可以促进肠道的良性蠕动，增强便意。不仅如此，天枢穴对调节肠腑有明显的双向性疗效，既能通便，还能止泻，长期保养、按摩，能够清除肠道内长年累积的宿便。按揉天枢穴时，坐在床上，双手叉腰，中指指腹放在身体同侧的天枢穴上，大拇指附于腹外侧，中指适当用力按揉30~

50 次即可。

按揉完天枢穴之后，再配合大肠俞穴，便秘会好得更快。大肠俞，位于人体腰部，第四腰椎棘突下，左右旁开 1.5 寸（相当于两指宽处）。它跟天枢穴一样，主治便秘，大肠脏腑中的水湿之气都由这个穴位外输膀胱经，运送水汽的同时，还能散出大肠腑之热。因此，和天枢穴募俞相配，可以疏通大肠腑气，生津而通便，不论你是哪种便秘，都能轻松搞定。与天枢穴相比，该穴的按摩时间可以略短。

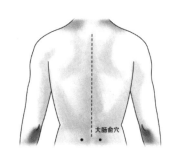

△ 大肠俞穴，位于人体腰部，第四腰椎棘突下，左右旁开 1.5 寸相当于两指宽处

再来看关元穴，"关"即关上，封藏之意，"元"即原动力、精、元精。元精是与生俱来的，从父母那里继承而来。但随着时间的推移，它会逐渐减少。怎样才能更好地守护元精呢？刺激关元穴就是一个很好的办法。关元穴就像人身体的一个阀门，将人体精气关在体内不让它泄漏。而中医认为"肾开窍于二阴"，"司二便"，也就是说，肾掌管着大小便的排放。因此，大便的排泄，需要依赖肾的气化作用，才能顺利排出。肾阳是人体阳气的根本，对各脏腑组织起温煦、生化的作用。如果肾阳亏损，不能濡润肠道，就会出现大便干结如栗，便时肛门疼痛的症状，也就是便秘。而刺激关元穴能起到强肾固精的作用，因而，经常刺激关元穴能有效地缓解便秘症状。

思考题

便秘如何自我预防？

三、痔疮之时自我预防

俗话说："十人九痔"，痔疮已经成为危害现代人健康的重要疾病。虽然痔疮常见、多发，且危害巨大，但大多数人仍没有对它引起足够的重视，甚至在民间还有"十痔九不医"的说法。殊不知，久痔不医会酿成大病。如何治疗痔疮呢？除去医院治疗外，我们还可以通过哪些自疗的方法来对付痔疮呢？

所谓痔，又名痔疮、痔核、痔病、痔疾等。医学所指痔疮包括内痔、外痔、混合痔三类，是肛门直肠底部及肛门黏膜的静脉丛发生曲张而形成的一个或多个柔软的静脉团的一种慢性疾病。

痔疮虽分为内痔、外痔和混合痔，具体表现不同，但发病原因基本相似。那么，导致痔疮发作的原因是什么？要了解这个问题，我们就要先了解肛门。肛门，中医里又被称为魄门。为什么叫作魄门呢？中医认为，肺与大肠相表里，肺神又为魄，所以肛门又被称为魄门。魄门在中医里的解释是五脏的使者，使者是经常被派出去活动的一个人物，所以"水谷不可以久藏"，糟粕是不可以久藏于肛门的，都要从肛门走出去。如果糟粕久藏于肛门，就会引起诸多疾病，如便秘、痔疮等。

如何诊断自己患了痔疮呢？生活中很多人很可能已经发病而不自知，认为只是偶尔便秘根本不是痔疮。事实上，痔疮是可以自己感知和判断的。如果大便时看到流血、滴血或者粪便中带有血液或脓血，多数是由痔疮引起的；肛裂的出血呈鲜红色，伴有肛门剧痛；大便带血，血色暗红或大便色黑暗，那是消化道出血所致。排便时有肿物脱出肛门，伴有肛门潮湿或有黏液，多数是由内痔脱出或直肠黏膜脱出；如果肛门有肿块，疼痛激烈，肿块表面色暗，呈圆形，可能是患了血栓性外痔；肛门肿块伴局部发热疼痛，是肛周脓肿的症状；触诊肛门有条索状物，并有少量脓液自溃口溢出，是肛瘘的表现。内痔初起时，症状不明显，仅在体格检查时，才被发现。但随着痔核逐渐增大，症状亦会逐渐加重。

那么，痔疮该如何防治呢？除可经常练习前面我们提到的撮谷道外，按摩尾骨及其周围肌肉也是预防痔疮的良方。按摩用力要适度，以皮肤有灼热感为宜。

思考题

痔疮如何自我预防？

四、腹泻之时自我预防

腹泻，又叫拉肚子，是胃肠道常见病。俗话说"一泡稀拉倒英雄汉"，就是说平素里再威武的一个男子，遇到这个毛病，来来回回跑几次，也变得面容憔悴，疲惫不堪了，可见它的"威力"之强。如果稍有不慎，被它骚扰，也不要紧张，只要不是中毒或由于腹泻导致失水过多，一般可以用比较简单的方法自疗而愈。

小说《红楼梦》中关于刘姥姥进大观园有这样一段描述：刘姥姥走了一会儿，觉得腹痛，忙向一个丫头要了两张纸，进了厕所。因油腻的食物吃得太多，腹泻了，蹲了许久。及出厕来，酒被风吹，只觉得眼花头晕竟辨不出路径来。这里就提到刘姥姥贪吃而导致腹泻。

说起腹泻，可以说是世界上最常见的病症之一了，不论是谁，一不小心就会有拉肚子的可能。着凉了、吃了海鲜、喝了啤酒、吃了生冷的东西会拉肚子；出差、旅游、水土不服也会拉肚子；甚至很多人在愤怒、紧张时也容易拉肚子。正是由于拉肚子太过于"家常便饭"了，所以说起拉肚子的不便，大家皆心有戚戚焉。

不过对于腹泻的危害可能大家就有些认识不足了，实际上"好汉经不住三泡稀"，拉肚子的危害非常大。

大家知道刘备究竟是怎么死的吗？四大名著之一的《三国演义》煞有介事地描写道：先主驾崩，文武官僚，无不哀痛。孔明率众官奉梓宫还成都。太子刘禅出城迎接灵柩，安于正殿之内。举哀行礼毕，开读遗诏。诏曰："朕初得疾，但下痢耳；后转生杂病，殆不自济。""下痢"是文言文，用现代医学术语来说，就是腹泻。当然，刘备是否死于腹泻，史料并无明确记载，但不管刘备是不是死于腹泻，腹泻对健康的危害都是不可小觑的。为什么呢？首先拉肚子拉的是一些有形的物质，如水和各种营养成分等，这些有形物质的丢失容易造成营养不良和各种维生素缺乏；不仅如此，在中医看来，拉肚子还会损失一些无形的能量，这种能量是什么呢？即中医里精气神中的气。所以腹泻的人，特别是急性的腹泻，几趟厕所下来，即便是生龙活虎的毛头小伙儿，也会显得乏力、瘫软，提不起精神来，这便是泄气的表现。

对于腹泻，我们应当给予足够的重视，当然了，重视并不是要让大家一看到拉肚子便不分青红皂白给止吐药、止泻药或者消炎药的方法来进行治疗，而是针对不同腹泻，采用不同的治疗办法，下面，笔者将给大家重点介绍一种能够通过按摩治疗因受寒引起的腹泻的方法。

哪种腹泻是受寒引起的，《黄帝内经》所说的"长夏善病洞泄寒中"中的"洞泄"，就属于这一类腹泻，这一类腹泻最大的特点就是一泻千里，就像身体被捅了个洞似的，"哗"一下全泄出来了。

这种腹泻通常是由饮食引起的，因为夏天天热，许多人都喜欢吃冷饮、冷食，这些寒气通过饮食，直接到达我们的脾胃，引起脾胃功能的失调。大家知道，脾胃是运化水谷的，寒重了，运化水谷的功能失调了，水以及谷物运化不了，被迫排入肠道，通过肠道排出体外所表现出来的症状，就是腹泻了。

所以对付这种腹泻，要先把体内的寒气赶走，怎么赶？按摩神阙（肚脐眼）便可达到很好的治疗效果。

为什么要按摩这个穴位呢？

首先，中医认为脐腹属脾，所以脾病均可从神阙进行治疗。从经络理论来看，脐与脾、胃、肾和大肠相通，按摩神阙穴，自然可以调理这些脏器。其次，神阙穴所处的位置，刚好是腹部的核心。所以对于发生在腹部的疾病，神阙穴均有很好的调理效果。事实上，用神阙治疗腹泻，古书上多有记载，如宋代王执中的《针灸资生经》记载"神阙治泄利不止"，而清代吴谦《医宗金鉴》也有"神阙百病老虚泻"之说。最简单的方法是揉肚脐及肚脐眼周围，每天揉 10 分钟~

15 分钟即可。

思考题

腹泻如何自我预防？

五、高血压病自我预防

人体的血压易受多种因素影响而发生波动。若血压超出正常的范围，就会出现高血压病。当你出现莫名其妙的头晕、头痛或出现其他症状时，都要考虑是否患了高血压病，应及时测量血压，进行诊治。每一个人平时都应该多注意观察自己的身体，一旦发现高血压，应及时治疗。

三国时，司马懿从曹爽手里夺回兵权后非常激动和高兴，但乐极生悲，不幸落马，之后他"口不能言"，反而"以手示意"。据此判断，他可能患了脑中风。当时司马懿已 70 多岁，虽然那时还不会测量血压，但脑血管硬化随着年龄的增加是不可避免的。而司马昭则是酒筵上耳热酒酣之际突然病倒，也是"口不能言"，仅以手指司马炎即亡。根据现在判断，司马昭可能得的也是脑中风（发病快，可能是脑出血）。古人把脑血管意外统称为中风，这多是因高血压而引起的。可见，高血压对人类的危害早在几千年前就有记载。

中医是怎么来认识高血压的呢？在中医看来，高血压发病的根本原因就是"肝风"。《素问·至真要大论》言"诸风掉眩，皆属于肝"，意思是，所有的头晕目眩都和肝有关系。那"风"是怎么回事呢？中医里认为"风"有升发的特点，肝风上走就会引起头晕目眩；肝风下窜四肢就会麻木和抽搐。这类高血压患者共同特征是脾气急，脸红脖子粗的，容易口苦，两肋发胀，舌头两边红。他们吃盐多，口重，容易造成血管硬化。对于高血压的治疗，大部分需要从肝入手治疗。

针对这类高血压的症状，给大家推荐几种简单的按摩办法。

1. 按降压沟

中医认为，"耳为宗脉之所聚"，十二经脉皆通于耳，人体某一脏腑和部位发生病变时可通过经络反应到耳廓相应点上。生气时或感到血压突然升高时，耳后有一条静脉会很突出，那里是耳穴上和血压有关的部位，叫"降压沟"，它会随血压的突然升高而出现异常。这时可以自己用手轻揉，揉到它不那么怒张为止。

2. 按摩太冲穴

脚上也有"消气穴"和"去火穴"，就是太冲穴，这是肝经上很重要的一个穴位。这个穴位在大脚趾和二脚趾之间的缝隙处，要捏骨寻经地去揉。手指甲要剪平，要能掐进去，指甲长就会掐破。掐进去之后你会觉得深层有问题，真正生了气的或者因为生气血压就要升高的人，这个穴位就会感觉很痛，甚至会摸到一个结节或疙瘩，这就是中医讲的"痛则不通"，说明经络不通了。

如果一个穴位按起来有异常感觉，就说明这个穴位所属的经络乃至经络连接的器官出问题了，按摩这个穴位就是对出问题器官的治疗，要按到那个结节逐渐消失，疼痛也不明显了，才能达到治疗效果。

3. 按摩阳陵泉

阳陵泉在小腿腓骨小头的下面，是胆经的一个穴位。人的情绪变化与肝胆有密切关系。前一阵时兴敲胆经来保健，是有道理的。胆经位于身体的最外侧，最容易受外界影响，而当下又是个生活压力很大的社会，能干扰胆经的因素非常多，胆经也最容易出问题。

这些穴位的按摩方法也很简单，每个穴位记得按摩 5 分钟左右即可。

思考题

高血压如何自我保健？

六、糖尿病的自我防治

糖尿病是由遗传和环境因素相互作用而引起的常见病，糖尿病的发生常常与不健康的生活行为方式有密切关系。以高血糖为主要标志，常见症状是"三多一少"症状，即多饮多尿多食以及消瘦等。糖尿病若不及时治疗，可能会引起身体多系统的损害。因此，糖尿病患者，应多注意自我防治，改变平时的一些不良生活习惯，并积极治疗。

糖尿病是一种常见病。在中医看来，脾属土，生甘味，所以凡是人体能够产生甜味的东西都与脾有关。脾主口，所以糖尿病病人常出现口中发甜，脾在志为思，所以脑力劳动者患糖尿病的概率比体力劳动的人高。因此治疗糖尿病应从脾论治。当然，需要提醒的是，中医的心肝脾胃肾指的是一个系统，而不是一个器官，因此中医把胰腺组织与脾归为一类。胰腺组织与脾究竟属不属于同一类，《难经》早就给出了答案，《难经·四十二难》指出"脾重二斤三两，广扁三寸，长五寸，有散膏半斤"。所谓"散膏"究竟是什么，尽管争议不断，但主流的看法就是胰腺。

而根据中医五行理论，糖尿病的发生不仅是脾的问题，还与其他系统有关。

第一种系统是肝系统，中医认为肝属木，肝旺则脾弱，木茂则土固。肝功能强健则糖类流失减少；如果肝功能紊乱或低下则糖类流失严重。

第二种系统是肾系统，中医认为肾属水，水与木的关系是非常密切的，是水滋养了木，没有水、木不可能茂盛，甚至枯萎而死，同样能造成土的流失。

当然，水过多也会把树木淹死。怎样才能使水适度呢？这就要依靠火（心）的作用，用火调节水的多少及寒热程度。

另外，肺主气，属金，火（热）把水变成了气，水随气而入肺，起到了润肺的作用。

所以在中医看来，糖尿病与五脏均有关系。当五脏六腑都衰退时，就会出现治东顾不了西，治西顾不了东，东西同治又顾不了四面八方的局面。这就不难解释糖尿病为什么会有那么多并发症了。所以中医治疗糖尿病，以恢复五脏功能为主。这就需要从生活上进行一个综合的防治，现代医学将其总结为"五驾马车"。

"第一驾马车"是饮食控制。糖尿病的饮食控制，主要是控制高糖高脂肪为主。

"第二驾马车"是适当的运动。运动虽然是糖尿病人的一大法宝，但只有科学的运动方法才能真正起到治疗的效果，否则会适得其反。糖尿病人的运动有其特殊性，要注意强度和运动量，另外还有些运动是不适合糖尿病人的，如百米跑、举重或健美等会引起血糖和血压升高的运动，过量运动还可使脂肪分解生成酮体，导致酮症酸中毒，要引起注意。

"第三驾马车"是自我监测。如果不具备自我监测的条件，还是要去医院检查。

"第四驾马车"是要树立正确的心态。这个就很关键了，因为长期心情抑郁的人，易患高血压、糖尿病、溃疡病、皮肤病。心情压抑的成年人中，死于中风的可能性比一般人高出50%。因此，糖尿病人应该关心自己的精神状态、心理反应，就像人每天揽镜照容颜、穿好衣服还要看了正面看背面，唯恐有不协调之处一样。关心自己的心理状态，是爱惜自己、珍惜生命的一项重要内容。

"第五驾马车"是药物治疗。药物治疗对糖尿病人来说非常重要，一旦血糖过高，就需要用药来维持血糖的稳定，当然，用药之前，一定要对药物的作用有个大致的了解。用药不当，对身体的危害是非常大的。

总之，对于糖尿病，目前全世界都没有完全根治糖尿病的方法，只有认清了糖尿病的本质，正确对待糖尿病，才能有效地控制住病情。

思考题

防治糖尿病的"五驾马车"指什么？

七、老年痴呆自我预防

老年痴呆症，是老年人人群里的常见病。此病起病多较缓慢，一般最早出现的是性格改变，如有些人平时爱说爱笑，患病后却一反常态，兴趣减少，沉默寡言，独自呆坐，不与人交往；有的烦躁易怒，好发牢骚，脾气大等。其次，记忆力减退，最近发生的事，说过的话记不起来，经常遗忘东西，严重的会出现语言障碍，口齿不清，言语杂乱无章，甚至失去生活自理能力。因此，对于上年纪的人来讲，预防老年痴呆十分重要，平时要多调节自己的心情，多锻炼。

在 2000 年中国中央电视台春节联欢晚会上，赵本山和宋丹丹饰演的小品《钟点工》让人记忆犹新。赵本山饰演的是一个在家独处的老人，孤独不爱说话。但其实他是一个非常幽默的人，后来宋丹丹就分析他是"感情失落型，内分泌失调型，老年痴呆型"。还说他是"没事找抽型"。虽为笑谈，但这里就提到了老年人常见病老年痴呆。

老年痴呆，是困扰老年生活的一大包袱。痴呆最主要的表现是记忆障碍、联想困难、理解力减退和判断力差。开始时，病人可能会出现睡眠障碍，情绪不稳，易激怒，气量小，对人冷淡，孤僻，精神萎靡不振。有的病人表现为怀疑别人对他不好，怀疑老伴不忠，并逐渐出现记忆不好，叫不出老熟人的名字，干活丢三落四。刚吃完饭，又说没吃，想起这个忘了那个，甚至走出去以后，不认识家。恐怕任谁也不放心把他单独放在一处，更不要提让他们出门了。的确，家有老年痴呆的老人，无疑是一件很令人头疼的事。更令人担忧的是，目前没有药物可以有效根治这种病，因此，预防老年性痴呆的发生就显得尤为重要。

老年痴呆是什么原因引起的呢？中医把老年痴呆归入"呆病""健忘"等范畴，以"健忘"症状为主。清代医家王清任，在《医林改错》中论述老年人痴呆的机理，认为"灵机记性在脑""高年无记性者，脑髓渐空所致"，老年人因此产生痴呆病。"脑为元神之府"，主管人的智能。中医认为，脑之所以能正常工作，有赖于脑髓的充养。而肾为先天之本，肾藏精，精生髓而上通于脑，脑髓依赖肾精化生；脾为后天之本，主气血。气血是人体生命活动的物质基础，智力活动虽在于"元神之府"的脑髓，但离不开气血的滋养，若脾虚、肾虚或脾肾两虚都会导致气血生化不足，气血不能上达于脑，脑髓空虚，则脑失所养，神明失养智能减退，从而发生痴呆。

对于老年痴呆该怎样预防呢？在预防方面，除了要养成良好的生活习惯，下面介绍几个简单有效的按摩动作，供老年人练习。坚持做这些小动作，对预防老年痴呆，具有良好的效果。

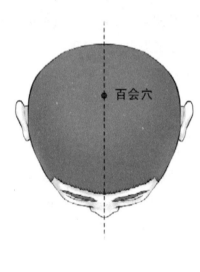

轻叩百会穴：百会穴在头顶正中线与两耳尖连线的交点处。取穴时，采用正坐的姿势，可以从两眉头中间向上一横指起，直到后发际，这条线的正中点即是该穴，或者通过两耳角直上连线中点，来找此穴。坐着或站着按摩均可。将五指指端并拢，左右手交替对准头顶百会穴各轻叩18次。百会穴为诸阳经气会集之处，刺激百会穴能振奋阳气，醒脑益智，具有健脑益智的功效，对预防老年痴呆大有裨益。

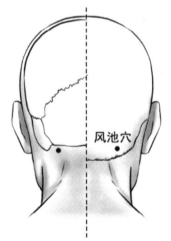

按揉风池穴：风池穴在颈部，枕骨之下，在后脑勺下方颈窝的两侧，微低头，耳后高骨后一横指凹陷处。有一个按上去感觉酸酸的小

坑，就是风池穴。用两手食指或拇指指腹分别按揉位于后项两侧的风池穴，各按 36 次。风池是足少阳胆经和阳维脉之会穴，为通达脑系、目系脉络的要穴。因此，按揉风池具有清心醒脑，明目开窍，活血通络的功效，对大脑十分有益。

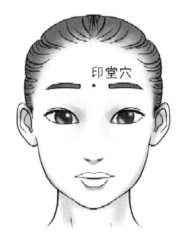

按揉印堂穴：印堂穴位于两眉头连线中点。两手半握拳，拇指和食指伸直，虎口肌肉自然突起，以此处轻捶印堂穴，左右手各 9 次。古人认为印堂穴内藏"天机"，灵性皆从此而出，按摩此穴可醒脑清神，增益智力，增强记忆力。

按摩关元穴：用一手中指的指腹按摩位于脐下四横指处的关元穴。左右手各按摩 36 次。关元穴是关藏全身元气的处所。下丹田的另一种说法就是指关元穴。它是一个可以向人体输入力量的穴位。刺激该穴，有养气血，补精气，充脑髓，益智力的功效。

按揉涌泉穴：涌泉穴在足掌心前 1/3 处，即当屈足趾时出现的凹陷处。分别用左右手大拇指的指腹，同时按压同侧脚掌心处的涌泉穴，左右各按 49 次。涌泉穴为肾经井穴，是心肾两经的交接点，是人体精气之根。刺激涌泉穴有补肾气，养精血，充脑髓，益智力的作用。

以上诸穴早晚各按一次。每次可全按摩也可选取其中 2~3 个按摩。长期坚持，能有效预防老年痴呆，到耄耋之年，仍能耳聪目明，思维清晰，反应敏捷。

除自我按摩预防外，平时要养成有规律的生活习惯，懂得驾驭自己的感情，保持乐观情绪。此外，坚持适度的体育锻炼，经常活动手指（尤其是左手）；勤动脑，多读书，都是防止脑萎缩发生的良策。

思考题

如何预防老年痴呆症？

八、前列腺炎自我预防

许多男性对自己的身体都不怎么了解，甚至产生各种错误的看法和误解，以至于身体有不适时，时常没有得到及时的诊治，终于"养病为患"。前列腺对于每个男性来说，都是最为重要的"地带"，但同时最容易出问题。前列腺炎就是其中之一，虽然此病不是一个病，但却是对男性最大的潜在威胁。

核桃大小的前列腺，却是男性的"多事之地"，极易出现炎症。前列腺炎是什么原因引起的呢？此病属于中医的"精浊""白浊"等范畴。有急性和慢性之分。急性比较少见，这里主要介绍慢性前列腺炎。对于慢性前列腺炎，中医学一般认为本病与思欲不遂或房劳过度，相火妄动，或酒色劳倦、脾胃受损、湿热下注，败精瘀阻等因素相关，与心脾肾等脏腑关系密切。另外工作压力大，精神紧张，以及心情不畅，肝气不舒等，也是导致前列腺炎的重要原因。

下面介绍一种简单的自我按摩方法。

按摩肚腹：每天晚上睡觉前和早上起床前，排空小便，仰卧或坐床上，腹部放松，把双手搓热，左手置于小腹上，右手放左手背上，按顺时针方向按摩，第一个月每次按摩100圈，第二个月每次按摩200圈，第三个月开始每次按摩均为300圈。

每次按摩后，再配合按压关元穴（在肚脐正中直下四横指处）、气海穴（在肚脐正中直下1.5寸处）、中极穴（在肚脐正中直下4寸），每穴各按摩100次，一般需坚持按摩3个月。

思考题

如何预防前列腺疾病？

推荐书目

《疯狂的尿酸》，[美] 戴维·珀尔马特著，王家宁译，北京科学技术出版社 2023 年版。

推荐电影

《我不是药神》（2018 年），文牧野执导。

第七篇

急救常识：

居安思危理智应对

这个世界充满了意外。当意外发生时，无论是突发疾病还是意外伤害，正确的处理方法都是给当事者的定心丸、续命丹。意外事故发生之后的黄金救援时段内，首先应在第一时间报告警官，在警官或医生未到达之前，按照正确的急救措施对患者进行处理，能有效地为专业救护人员到来争取宝贵时间，大幅增加患者获救的概率。所以，居安思危，未雨绸缪，加强自身的知识储备，多学习些急救知识是极其必要的，只有这样，当紧急情况发生时，才能心中有数，理智应对，从容处理！

【阅读提示】

1. 掌握急救常识的重要性。
2. 了解突发疾病的应急处理方法。
3. 掌握意外伤害的急救技巧。

一、应急必备的急救常识

心肺复苏

常温下，大脑缺氧超过4分钟~6分钟，就可能造成无法恢复的损伤甚至死亡。当患者呼吸、心跳停止时，要马上呼叫警官，并及时对患者实施心肺复苏抢救，这就有可能维持患者的生命。

心肺复苏是在人的呼吸、心跳停止时，通过一系列操作，给患者建立人工的血液循环，从而向全身各个脏器供血供氧。心肺复苏是一套完整的抢救方法，心肺复苏的主要方法包括人工呼吸和胸外心脏按压。（见表7-1）

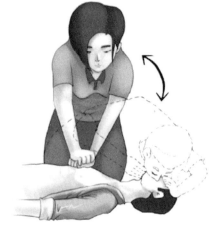

人工呼吸最常用的方法是，救助者向患者口对口呼气。如果患者的嘴不能张开，也可以口对鼻呼气。一般情况下，人呼出的气体中，氧的含量虽然低于空气中的21%，但是也有16%，所以救助者将气体吹入患者的肺部，可以维持患者对氧气的最低需求量。

心脏位于胸腔中间偏左部位，在胸骨的后面。胸外心脏按压，可以改变胸腔内压力和容积，将心脏内的血液输送到全身的组织器官。有效的胸外心脏按压，可以使心脏的输出血量达到正常时的1/4~1/3，从而维持生命的最低需求。

表 7-1　心肺复苏知识要点（8 岁以上成人）

人工呼吸方法	吹气速度（次/分）	检查脉搏的位置	胸外心脏按压位置	按压手法	按压速度（次/分）	按压深度（cm）	按压与吹气的比例
口对口呼气	10~12	颈动脉	胸骨下1/2段	用双手掌根	100	5	30：2

外伤包扎

发生外伤后及时妥善地包扎，可以起到压迫止血、减少感染、保护伤口、减少疼痛和固定骨折等作用。外份包扎常用的材料有绷带、三角巾、纱布垫等，包扎材料要清洁、柔软、吸水力强。如果没有专用的包扎材料，可以就地取材，使用干净的毛巾、手绢、床单、衣物、口罩等做成三角巾或绷带，作为临时的包扎材料。包扎伤口时要做到：

（1）动作尽量轻巧，包扎的松紧要适度。

（2）不可用手触摸伤口及敷料与伤口接触的内侧。

（3）救护人员包扎伤口时尽量不要说话和咳嗽。

（4）必要时，救护者要先戴上防护性手套再为患者包扎伤口，以防经血液感染疾病。

（5）包扎完成后，必须检查肢体血液循环的状况，方法如下：按压手指（脚趾）甲，放开手后 2 秒钟，手指（脚趾）甲如不能迅速恢复红润，仍然苍白，说明血液循环不佳；还可观察伤肢远端的皮肤是否苍白，询问患者伤侧手指（脚趾）尖是否麻木，如果苍白或麻木，说明血液循环不佳，则应松开绷带，重新包扎。

三角巾前臂悬挂包扎法

用三角巾做前臂悬挂可以承托伤肢，用于肋骨、锁骨或上肢（如手腕、前臂、上臂）受伤时的救护。具体有以下两种方法：

（1）大手挂。让伤者坐下，嘱咐伤者托着伤侧的前臂，使手腕稍高于肘部。将三角巾的一端底角从前臂与胸部之间穿过，将上端拉到健侧颈部，从颈后绕到伤侧颈前。将三角巾的下端底角拉起，覆盖前臂，在伤侧锁骨凹陷处与绕到颈前的另一端打结，再将伤侧肘部的三角巾顶角折叠好。

（2）三角手挂，用于承托及固定手掌或手指在较高的位置。托起伤者伤侧的手臂，使伤侧的手伸到对侧（健侧）的肩部。用打开的三角巾覆盖伤侧前臂，顶角向肘部外侧，将三角巾的一端拉到健侧颈部。将三角巾底部包绕伤侧前臂及肘部，将另一端从背后绕到健侧颈部，两端在健侧锁骨凹陷处打结，再将伤侧肘部的三角巾顶角折叠好。

如果现场没有三角巾或绷带，可以利用衣物、床单、毛巾等做临时悬挂来固定上肢：

（1）用皮带等绕过颈部打结，来承托手臂。但如果患者是前臂骨折，不可用这种方法。

（2）如果伤者身穿外衣或背心，可帮伤者将受伤的手臂放入衣服内，将放入手臂以下的衣扣系上，还可用别针将伤侧袖口别在同侧衣服上以加固。

（3）可将伤侧外衣的底部翻起，覆盖伤臂，然后将翻起的衣角系在同侧外衣的上方。

三角巾头部包扎法

（1）扶患者坐稳，摘掉眼镜和头饰。

（2）用干净的纱布垫或布（棉）垫按压在头顶部伤口上，加压止血约10秒钟。

（3）将三角巾的底边折叠约两横指宽，边缘置于患者前额齐眉处，覆盖好布垫，顶角放在患者头后部。

（4）将三角巾两底角沿两耳上方向后收，在头后部枕骨下交叉并压紧顶角，然后绕回前额正中打结。

（5）将患者头后部的顶角拉紧并向上返折，将顶角塞进两底角的交叉处。

三角巾手足包扎法

（1）将三角巾展开，将患者受伤的手掌（足）平放在三角巾的中央，手指（脚趾）尖对向三角巾的顶角。

（2）在患者伤指（趾）缝间放入敷料。

（3）将三角巾顶角折起，盖在患者手背（足背）上面，顶角达到腕关节（踝关节）以上。

（4）将三角巾两底角折起到患者手背（足背）交叉，再围绕手腕（踝部）一圈后打结。

三角巾膝部包扎法

三角巾膝部包扎法，也可以用于肘部，具体操作如下：

（1）将三角巾折叠成适当宽度的带状。

（2）将中段斜放于患者受伤的膝部，将两端向后缠绕再返回，再将两端分别压在中段上、下两侧。

（3）包绕患者膝部1周后在外侧打结。

（4）包扎结束后，要检查患者血液循环情况。

绷带包扎法

绷带有纱布绷带、弹性绷带等，正确的使用方法：

（1）使用时，绷带卷轴在上。

（2）包扎时，将绷带由内至外（掌心朝前时上肢外侧为拇指侧，下肢外侧为小趾侧）、由下至上（肢体近心端为上，远心端为下）缠绕肢体。

（3）包扎开始和收尾时，要重复缠绕一圈做固定。

（4）缠绕时，每绕一圈要遮盖前一圈绷带的2/3，露出1/3，以使缠绕稳固。

（5）绷带包扎的松紧要适度，过松容易滑脱，过紧则阻碍患者肢体的血液循环。

（6）包扎结束时，绷带的尾端要收在肢体的外侧打结固定。

（7）包扎结束后，要检查露出来的手指（脚趾）的血液循环情况。检查方法见前述"外伤包扎"的相关内容。

简单螺旋包扎法

简单螺旋包扎法因操作简便，最为常用，其使用方法如下：

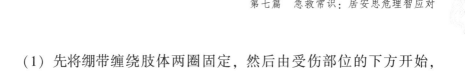

（1）先将绷带缠绕肢体两圈固定，然后由受伤部位的下方开始，由下而上包扎。

（2）包扎时应用力均匀，由内而外扎牢，每绕一圈要遮盖前一圈绷带的 2/3，露出 1/3。

（3）包扎完成时应将盖在伤口上的敷料完全遮盖。

螺旋返折包扎法

螺旋返折包扎法适用于患者四肢粗细不等的部位，其使用方法如下：

（1）先将绷带缠绕患者受伤肢体处两圈固定，然后由下而上包扎肢体，每缠绕一圈返折一次。

（2）返折时按住绷带上面正中央，用另一只手将绷带向下返折，再向后绕并拉紧。

（3）每绕一圈要遮盖前一圈绷带的 2/3，露出 1/3。

（4）绷带返折处应尽量避开患者伤口。

人字形包扎法

人字形包扎法用于能弯曲的关节，如肘部、膝部，还有手和脚跟，其使用方法如下：

（1）先将绷带在患者肢体关节中央处缠绕一圈做固定，然后绕一圈向下，再绕一圈向上，反复向下、向上缠绕。

（2）包扎结束时，在关节的上方重复缠绕一圈固定。

搬运患者

有人发生意外伤病时，对情况严重的患者，应就地检查并做初步处理，在救护人员到来前不搬运。但现场有起火、爆炸等危险时，应立即将患者搬运出危险的环境，以下是几种简易的徒手搬运方法：

（1）扶行法：适合于清醒、单侧下肢受伤、在有人的帮助下能自己行走的患者。

（2）背负法：适合于老弱或年幼的、清醒的、体形较小的、体重较轻的、没有脊柱损伤的患者。

（3）拖行法：适合于清醒或昏迷、下肢受伤、体形较大且体重较重不适合采用其他徒手方法搬运的患者。

（4）爬行法：适合于在空间狭窄或有浓烟的环境下清醒或昏迷的患者。

（5）手抱法：适合于体轻、伤势较轻的患者。对脊柱损伤者禁用此法。

有的患者不适合徒手搬运，或由于空间限制，难以找到担架等专用器械，这时应就地取材，利用物品来搬运伤病者：

（1）椅子搬运：适合于处于坐位或半卧位的伤病者，如心绞痛、心肌梗死、肋骨骨折等患者。搬运时患者坐在椅子上，可用宽带将其固定在椅背上。两个救护者一个人抓住椅背，另一个人抓住椅腿，将椅子稍向后倾斜，然后搬运。

（2）毛毯、床单搬运：适合于空间狭窄、担架不易通过的环境。搬运时将毛毯或结实的床单铺在床上或地上，将患者轻轻搬到毛毯或床单上，两个救护者面对面各自抓紧毛毯或床单的两角，抬起患者搬运。

思考题

1. 心肺复苏的主要方法包括哪些？

2. 人工呼吸时，救助者向患者吹气的频率是多少？

3. 胸外心脏按压的深度应该是多少？

4. 包扎伤口时应注意哪些事项？

5. 搬运患者时，哪些情况下应使用拖行法？

二、突发疾病的应急处理

心绞痛

1. 突发状况

心绞痛是冠心病的一种常见类型，是一时性心脏供血不足引起的，心绞痛是由于向心脏供血的冠状动脉变狭窄或发生痉挛，引起心肌缺血而致痛。心绞痛发作时人会突然出现胸闷、气短、胸骨后疼痛，有压迫、发闷或紧缩感，有时有烧灼感，有时疼痛还放射到左肩、左臂内侧或手指、下颌、颈部等处，多在从事较强体力活动时发生，一般休息3~5分钟后可缓解。

2. 应对措施

如果发生心绞痛，应立刻呼叫警官并采取以下措施：

就地采取坐位、半卧位或卧位休息，切勿活动，以免加重病情。如患者备有硝酸甘油，帮助其舌下含服1片。在血压不低于平时水平的前提下，此药在1分钟~2分钟后起作用，30分钟后作用消失。90%的患者服用硝酸甘油有效，且多在3分钟内生效。血压低者不能服用硝酸甘油。疼痛缓解后，继续休息一段时间后再活动。

中风

1. 突发状况

中风也叫脑卒中，包括脑梗死（脑血管被阻塞，使局部脑组织缺血）和脑出血（脑血管破裂出血）两种情况。这两种情况的症状相似，紧急处理的方法也相同。有高血压、心脏病或糖尿病的患者，突然头晕、头痛或晕倒，随后出现口眼歪斜、流口水、说话含混不清或呕吐、一侧肢体瘫痪等症状，就很可能是中风。

2. 应对措施

当问题出现时，应立刻呼叫民警并采取以下措施：

（1）不要摇晃患者，尽量少移动患者，尽快呼叫民警。

（2）宽松患者的衣服。如果患者清醒，让患者半卧或平卧休息。

（3）如果患者意识丧失，可将患者摆放成侧卧位，头稍后仰，以保持呼吸道通畅；取出患者的假牙，及时清理患者口中的呕吐物，防止患者将其吸入肺中。

（4）密切注意患者的意识、呼吸和脉搏，不要给患者喂食、喝水。

休克

1. 突发状况

休克可以由很多原因引起，如急性心肌梗死、感染、大出血，大面积烧伤、开放性骨折、严重腹泻、药物过敏等。发生休克时，患者血压低于正常值，面色苍白皮肤湿冷，呼吸浅而急促，脉搏快而微弱，焦躁不安，嗜睡至昏迷，生命处于危急之中。

2. 应对措施

休克能导致脑和身体重要器官缺氧，会危及生命。当问题出现时，应立刻呼叫民警并采取以下措施：

呼叫民警，并检查患者的呼吸、脉搏，有外伤出血时要立即止血。让患者躺下，把双脚垫高过胸，以增加脑部的血液供应，有条件时给患者吸氧。如果患者呼吸困难，可以将患者的头和肩垫高，以利于呼吸。给患者盖上毯子或被子保暖，直到民警到来。

昏迷

1. 突发状况

昏迷就是持续的意识丧失。当人脑的正常功能受到严重干扰时，人往往会陷入无知觉的状态，大声喊叫或摇动均不能使其醒来，这就是昏迷。昏迷可以缓慢地形成，也可以突然发生。

2. 应对措施

当发现其他罪犯出现昏迷时，应立刻呼叫民警并采取以下措施：

当发现患者昏迷时，要立即检查其的呼吸、脉搏。如果呼吸、脉搏消失，说明患者已经发生心搏骤停，此时应立即呼救，同时实施心肺复苏术。对有呼吸、心跳的患者，首先保持其呼吸道通畅，然后将其摆放成侧卧位，并紧急呼救。对于外伤引起的昏迷，在民警到来前，不宜自行变动昏迷者的体位。

晕厥

1. 突发状况

晕厥就是短暂的意识丧失，这是由于供给大脑的血液突然减少所引起的。人晕厥前可有突然头晕眼花、浑身无力、面色苍白、出虚汗，但也可能没有先兆，突然晕倒在地。患者可有双眼凝视、抽搐、大小便失禁等现象。

2. 应对措施

（1）患者出现晕厥先兆表现时，应立即蹲下或坐下，避免摔伤。

（2）如果患者有呼吸、脉搏，让患者躺下，把双脚垫高过胸，有利于改善脑部的血液供应。

（3）宽松患者的衣服，打开窗户，使其呼吸通畅。

（4）如果患者清醒后仍有下列症状，应尽快呼叫民警送医院急救。这些症状是：大汗淋漓，持续头痛、头晕，口唇青紫或面色苍白，不断地恶心、呕吐，胸痛、胸闷，脉搏过快、过慢或脉律不整齐等。

（5）即便症状完全缓解，也要送患者去医院检查晕厥的原因。

哮喘

1. 突发状况

哮喘全称支气管哮喘，是一种过敏性疾病。多在初春、深秋及气温变化明显时发病。也可因患者接触过敏原（如花粉、尘土、螨、药物等）引起。哮喘发作时常会流鼻涕、咳嗽等，继而声音嘶哑，咳嗽时发出"空、空"声，吸气尤其费力，有吹哨一样的哮鸣音，患者口唇青紫，烦躁不安。

2. 应对措施

缓解哮喘的简易方法如下：

（1）开窗换气，保持空气清新。如果患者还在致敏的环境内，要尽量设法离开。

（2）帮助患者坐得舒适，不要躺下，帮助患者用常备药物，如气喘喷雾剂等进行冶疗。

（3）安慰患者，帮其克服恐惧心理，能减轻哮喘症状。

（4）如呼吸困难未能缓解，要尽快呼叫民警送医院。

预防哮喘发作的方法如下：

（1）注意保暖，少患感冒，特别是在天气忽冷忽热时。

（2）保持室内空气既不过于干燥，也不过于潮湿。

（3）尽量避免接触过敏原和不洁空气。

（4）适当进行身体锻炼，以增强体质和防寒能力。

癫病大发作

1. 突发状况

癫病大发作俗称羊角风，是由于短暂的脑功能失调引起的，常不定期反复发作。大发作前患者常有头痛、心绪烦乱，接着尖叫一声，倒地后不省人事，四肢僵硬，全身抽搐，口吐白沫或血沫，还可能尿失禁，一般持续几分钟。

2. 应对措施

当发现其他罪犯出现癫病大发作时，应立刻呼叫民警并采取以下措施：

（1）不要硬搬、硬压患者的肢体，以防患者骨折或关节脱臼。

（2）尽快移开患者周围有危险的物品。尽量取出患者的假牙，宽松患者的衣服。

（3）发作缓解后，患者常转入昏睡，这时应将患者摆放成侧卧位，以保持呼吸道通畅，便于呕吐物排出，等待警官到来。

中暑

1. 突发状况

人长时间受到烈日暴晒或在又热又湿的环境里，身体虽然大量出汗，但仍不足以散热，就会发生中暑，出现皮肤苍白、心慌、恶心、呕吐等症状，如果不及时处理，还会出现高烧、抽搐、昏迷等严重情况。

2. 应对措施

（1）迅速把患者移到阴凉、通风处，坐下或躺下，宽松衣服，安静休息。

（2）迅速降低患者体温，可用冷水擦身，在前额、腋下和大腿根处用浸了冷水的毛巾或海绵冷敷。

（3）给患者饮用加糖的淡盐水或清凉饮料，补充因大量出汗而失去的盐和水分。

（4）患者病情严重时要注意其呼吸、脉搏，并尽快呼叫警官送医院。

思考题

1. 心绞痛有哪些应对措施？

2. 中风有哪些应对措施？

3. 中暑有哪些应对措施？

4. 昏迷有哪些应对措施？

三、意外伤害的急救措施

呼吸道异物堵塞

1. 突发状况

某种疾病（如脑血管病后遗症等）和不良的进食习惯（如吃饭时说笑、吞咽过猛或嘴里含着杂物等）是造成呼吸道堵塞的常见原因，部分堵塞危害较轻，完全堵塞则会危及生命，患者会不由自主地用手扶颈部，出现憋气和剧烈的咳嗽，呼吸困难，张口说不出话，口唇青紫，严重时会昏迷。

2. 应对措施

（1）如果患者呼吸尚可，能说话、咳嗽，尽量鼓励其咳嗽，并让其弯腰，拍打其的背部，协助其把异物排出来。

（2）如果患者不能说话、咳嗽，呼吸比较困难，但神志清醒，能站立，可采取上腹部冲击法解救，即急救者站在患者背后，双手环抱患者腰部，让患者弯腰，头向前倾。急救者一只手握空心拳，将拇指顶住患者腹部正中线肚脐上方两横指处，另一只手紧握在握拳手之上，两只手用力向患者腹部的后上方挤压，约每秒钟挤压1次，可连续5~6次，每次挤压动作要明显分开。患者也可采取上述方法自救，将自己脐上两横指处压在椅背、桌边、床栏杆等硬物处，连续向腹部后上方冲击5~6次，直至异物排出。

（3）如果患者由于肥胖不适宜使用腹部冲击法，急救者可挤压患者胸骨下半段，方法同胸外心脏按压。连续按压5次后观察效果，无效时应重复进行。如果患者出现昏迷，要扶他仰卧，并紧急呼叫警官。如果患者心跳、呼吸停止，应立即进行心肺复苏抢救。

食物中毒

1. 突发状况

食物中毒有两大类：细菌性食物中毒和非细菌性食物中毒。常见的是由于人们食用了被细菌污染的食物而引起的细菌性食物中毒，其症状表现为急性胃肠炎的特点，包括恶心、呕吐、腹痛、腹泻，而且呕吐和腹泻较为剧烈。

2. 应对措施

当出现疑似食物中毒症状时，应尽快报告民警，同时可根据以下建议进行处理：

（1）患者中毒早期可以催吐，以减少毒物吸收。

（2）频繁呕吐和腹泻会引起身体脱水。如果脱水程度较轻，患者精神状态比较好，可以卧床休息，暂时禁食6小时~12小时，多喝些加糖的淡盐水，以补充体内的无机盐和水分。

（3）如果脱水程度严重，患者精神萎靡、发热、出冷汗、面色苍白甚至休克，要让患者平卧，双脚抬高，以保证重要脏器的血液循环。

（4）保留吃剩的食品，带到医院以协助诊断。

出血

1. 突发状况

血液在遍布人身的血管中不停流动。血管可分为动脉、静脉及毛细血管三种，当血管被损伤破裂时就会出血。小外伤引起的出血一般不严重。如果损伤较大的血管，就会引起大出血，严重时会危及生命。出血的种类包括：

（1）动脉出血。动脉血氧含量高，所以颜色鲜红。动脉血管内压力比较高，出血呈喷射状，短时间内出血量大。动脉出血危险性最大。

（2）静脉出血。静脉血二氧化碳含量较高，所以颜色暗红。静脉血管内压力比较低，血液从伤口涌出。较大的静脉出血也有相当的危险。

（3）毛细血管出血。多数损伤都有毛细血管出血，颜色较鲜红，从伤口渗出。

按出血部位的不同，出血又可分为外出血和内出血。外出血在身体表面可以看到。内出血在身体表面见不到血，但出血部位可以有肿胀、瘀斑等。

2. 应对措施

（1）少量出血。

患者伤口出血不多时，可做以下处理：

第一，救护者先洗净双手，然后用清水、肥皂把患者伤口周围洗干净，用干净柔软的毛巾、手绢将伤口周围擦干。

第二，伤口内如果有沙土或其他微小污染物，可先用清水冲洗出来。

第三，用创可贴或干净的纱布、手绢包扎伤口。

第四，不要用药棉或有绒毛的布直接覆盖在伤口上。

第五，由民警带至医院做进一步处理。

（2）严重出血。

控制严重的出血，要分秒必争，尽快呼叫民警联系医务人员，在医生到来之前，最直接、快速、有效的止血方法就是直接加压法。

第一，用干净的纱布垫或布（棉）垫直接按压在伤口上。如果一时没有干净的布垫，救护者可用洗净的双手按压在伤口的两侧，保持压力15分钟以上，不要时紧时松。

第二，如果患者的血渗透了按压在伤口上的布垫，不要移开，可以再加盖一块布垫继续加压止血。

第三，用绷带或布条将布垫固定。若伤口在颈部，则不宜用绷带固定，可用胶布固定。

第四，如果伤口在四肢，固定以后要检查患者肢体末端的血液循环情况，若出现青紫、发凉，可能是绷带扎得过紧，要松开重新缠绕。

第五，当伤口内有较大的异物（如刀片或玻璃碎片等）难以清理时，不要盲目将异物拔出或清除，以防止严重出血和加重组织损伤。这时需要采取间接加压止血法：在伤口周围或伤口两侧垫上干净的纱布垫或布（棉）垫，再用绷带或三角巾将布（棉）垫缠绕包扎固定，在伤口周围加压止血。

第六，如果受伤处的衣裤妨碍包扎，可先将衣裤剪开。

第七，包扎结束后，要检查患者血液循环情况。检查方法见本书"外伤包扎"的相关内容。

（3）内出血。

身体受到外力撞击、挤压时会造成内出血。严重的内出血是很危险的。血液从破裂的血管流入组织、脏器间隙和体腔（如外力打击造成的肝脏、脾脏破裂，血液流入腹腔），能导致失血性休克。颅内出血时，瘀积的血液会压迫脑组织，引起昏迷。血液如果聚集在胸腔，会使肺脏受到挤压而不能扩张，影响呼吸。

发生严重内出血时，患者常有以下特征：受到过外力打击或撞击，皮肤没有破裂，且患者出现休克症状，如皮肤苍白、湿冷，呼吸变浅变快，脉搏微弱加快，烦躁不安等。

发现患者严重内出血时，要采取以下措施：

第一，立即呼叫民警送患者去医院，越快越好。

第二，在救护人员到来前，让患者躺下，使大脑有较多的血液供应，密切观察患者的呼吸、脉搏和神志，并安慰患者，使其尽量保持安静。

第三，患者如有排泄物或呕吐物，要留交医生检查。

第四，不要给患者吃任何食物或饮水，以防需对患者手术时，因其胃内容物大量反流造成窒息。

（4）止血的辅助方法。

伤口出血时，如不怀疑受伤肢体有骨折或其他损伤，可在直接加压止血的同时抬高伤肢，使其高于心脏，有利于止血。抬高伤肢时，由于局部血液循环减少，可减轻伤处出血、肿胀。

如果怀疑患者有骨折或其他不宜移动伤肢的损伤，在为患者止血的同时要将伤处固定，固定伤肢可限制局部活动，避免骨折断端因活动而给周围组织造成更多的损伤和出血。

（5）鼻出血。

鼻出血以外伤引起居多，另外鼻子有原发病或身体某些器官有病，也可能导致鼻出血。在大多数情况，鼻出血很快便能止住，但要警惕这一症状背后可能隐藏着严重的问题。处理鼻出血的方法如下：

第一，让患者不要慌张，尽量放松，做慢而深的呼吸。如果血液流到口腔，要吐出来，不要咽下，以免引起恶心、呕吐。

第二，让患者坐下，头稍向前倾，以减少血液流入口腔，防止吸入肺部。

第三，捏闭鼻孔约 10 分钟，以压迫止血。

第四，用浸了凉水的毛巾、手绢或冰袋敷在前额鼻根部或脖子后面，使血管收缩，减少出血。

第五，如果经过上述处理后仍不能止血，要尽快送医院医治。

第六，如果鼻子经常出血，要及时到医院检查原因，对症治疗。

骨折

由于骨骼的周围有血管、神经或器官。骨折常会引起周围组织、器官的损伤，发生骨折时，伤者可以有以下表现：

第一，受伤的肢体出现缩短、扭转、弯曲等畸形。

第二，肢体没有关节的部位出现不正常的活动。

第三，骨折处疼痛、肿胀、瘀血，受伤肢体不能活动。

第四，严重的骨折会出现大出血，甚至会使人休克。

以上表现不一定同时出现。如果怀疑患者骨折，应按骨折对待。除非现场环境对伤者或救护者有生命威胁，否则不要贸然移动患者及其受伤肢体，更不可盲目地将骨折复位。尽量在现场及时对患者采取适当的固定措施，以减轻其疼痛并防止加重伤情，然后迅速呼叫民警进行处理。

1. 下颌骨骨折

（1）突发状况。

常由于撞（打）击引起，通常一侧受到外力，而引起另一侧骨折。出现下巴偏斜、受伤一侧肿胀、张嘴和说话困难，如果口腔有损伤，嘴角还会流出混有血液的口水。

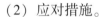

（2）应对措施。

固定下颌骨骨折的方法如下：

第一，口腔内如有脱落的牙齿，要及时取出。

第二，用纱布垫或布垫轻轻托住伤侧的下巴，再用绷带或布条上下缠绕患者头部，将布垫固定。

第三，可让患者自己用手托住伤侧下巴，头向前倾，以便口水流出。

第四，如果患者出现神志不清，要紧急呼叫警官联系医院，并注意患者的呼吸、脉搏。

2. 锁骨骨折

（1）突发状况。

锁骨骨折多由于摔倒时手掌撑地或肩部着地而引起。患者常用手托着伤侧的肘部和前臂，头歪向伤侧，借以缓解疼痛，伤侧活动困难，受伤部位肿胀、畸形。

（2）应对措施。

固定方法如下：

第一，扶着患者伤侧的肘部，把患者伤侧前臂置于胸前，手伸到对侧（健侧）肩部。

第二，在伤侧胸部和前臂之间垫一块布垫，用三角巾或绷带将伤侧前臂悬挂固定。

第三，可再用一条三角巾或绷带围绕胸部将伤肢紧贴胸前扎紧加固。

第四，包扎结束后，要检查患者血液循环情况。检查方法见"外伤包扎"的相关内容。

3. 上臂骨折肘关节没有损伤

（1）突发状况。

发生上臂骨折（肱骨骨折）而肘关节没有损伤时，肘部可以弯曲。

（2）应对措施。

固定方法如下：

第一，轻轻弯曲患者伤侧肘关节，将伤侧的前臂置于胸前，掌心向着胸壁。

第二，在伤侧胸部和上臂之间垫上布垫，用三角巾或绷带将伤侧前臂悬挂固定。

第三，可再用一条三角巾或绷带围绕患者胸部将伤肢扎紧加固。

4. 上臂骨折肘关节有损伤

（1）突发状况。

发生上臂骨折（肱骨骨折）而肘关节有损伤，肘部不能弯曲。

（2）应对措施。

固定方法如下：

第一，扶患者躺下，保持伤侧上肢与躯干平行，掌心向肢体，在伤侧上肢与胸部之间垫上布垫。

第二，用三角巾或绷带轻轻围绕患者受伤的上肢和躯干，在未受伤的一侧打结。三角巾或绷带要避开患者受伤的部位。

第三，包扎结束后，要检查患者血液循环情况。检查方法见"外伤包扎"的相关内容。

5. 前臂和腕关节骨折

（1）突发状况。

前臂（桡骨、尺骨）和腕关节骨折多由于摔倒时手掌撑地引起。患者常用手托着伤侧的前臂和手腕。

（2）应对措施。

固定方法如下：

第一，轻轻弯曲患者伤侧肘关节，将受伤的前臂和手腕置于胸前，掌心向胸壁。

第二，在伤侧胸部和前臂或手腕之间垫上布垫，用三角巾或绷带将伤侧前臂悬挂固定。

第三，可再用一条三角巾或绷带围绕患者胸部扎紧伤肢加固。

第四，包扎结束后，要检查患者血液循环情况。检查方法见本书"外伤包扎"的相关内容。

6. 手部骨折及脱位

（1）突发状况。

手掌和手指骨折常由于外力挤压引起，皮肤可能破损，出血比较多。手部骨折的特点是：手掌、手背或手指可能因水肿或内出血严重肿胀。骨折后常会因为肌肉收缩造成局部畸形。

（2）应对措施。

手指关节脱位通常因扭伤或手指被撞击（如球类运动）引起，有时与骨折很难区分。现场处理方法与骨折相同，具体如下：

第一，扶患者坐下，将干净的纱布或手绢折叠好，盖在受伤的手上。

第二，将伤侧前臂置于胸前，用三角巾或绷带将伤侧前臂悬挂固定。可再用一条三角巾或绷带围绕患者胸部，在健侧打结，打结处与身体之间放上软垫。

第三，包扎结束后，要检查患者血液循环情况。检查方法见"外伤包扎"的相关内容。

7. 肋骨骨折

（1）突发状况。

当与胸部受到撞击挤压时，会引起一根或几根肋骨骨折，同一根肋骨也会多处骨折。受伤者胸部疼痛，深呼吸或咳嗽时疼痛加重，严重时会出现呼吸困难。

（2）应对措施。

要紧急呼叫民警，如果没有呼吸困难，固定方法如下：

第一，让患者处于半卧位或坐位，身体向伤侧倾斜，将伤侧的前臂置于胸前。

第二，在伤侧胸部和前臂之间垫上布垫，用三角巾或绷带将伤侧前臂悬挂固定。固定患者伤侧前臂，以减少肋骨骨折处的活动，避免因此造成更多的损伤。

第三，可再用一条三角巾或绷带围绕患者胸部，在健侧打结，以加强固定。

第四，包扎结束后，要检查患者血液循环情况。检查方法见本书"外伤包扎"的相关内容。

8. 骨盆骨折

（1）突发状况。

骨盆骨折可由于外力撞击、挤压或人从高处摔下时引起。骨盆骨折可能造成膀胱、尿道和直肠的损伤，可能还会引起严重内出血，患者臀部和下腹部疼痛，下肢活动时疼痛加重；下肢没有异常，但不能站立；尿中混有血液；内出血严重时会出现休克。

（2）应对措施。

固定方法如下：

第一，扶患者仰卧、屈膝，膝下垫枕头或衣物，同时呼叫民警。

第二，用三角巾或宽布带围绕患者臀部和骨盆，适当加压，包扎固定。

第三，用三角巾或布带缠绕患者双膝固定。

第四，尽量不要移动患者，直到民警及医生到来。

9. 大腿骨折

（1）突发状况。

大腿骨折，即股骨骨折。股骨是人体中最长的骨，且十分坚硬，发生骨折通常是由于强大的外力撞击。大腿血液循环丰富，骨折时如果有大血管损伤，血液会大量流入组织间隙，引起严重的内出血，由于肌肉的牵拉，伤侧大腿可能缩短或向外翻，受伤处肿胀；伤侧的膝盖和脚会歪向一侧；有严重出血时，患者会出现休克。

（2）应对措施。

固定方法如下：

第一，扶患者仰卧，将未受伤的腿与受伤的腿靠在一起，同时呼叫警官。

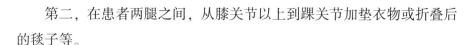

第二，在患者两腿之间，从膝关节以上到踝关节加垫衣物或折叠后的毯子等。

第三，用三角巾或绷带、布条，以 8 字形缠绕固定患者双足，使双足底与腿约呈 90°。

第四，用三角巾或宽布带缠绕患者双膝及骨折处上、下方，达到固定目的，并在健侧打结。

第五，包扎结束后，要检查患者血液循环情况。检查方法见本书"外伤包扎"的相关内容。

第六，尽量不移动患者，直到民警及医生到来。

10. 膝关节骨折

（1）突发状况。

外力撞击或大腿肌肉的猛烈收缩会造成膝关节骨折。如人将要滑倒时，极力要站稳却又不能站稳，使髌骨被过度牵拉而扯断。膝关节骨折与膝关节扭伤往往不易区别，均表现为膝盖疼痛、肿胀。

（2）应对措施。

固定方法如下：

第一，扶伤者仰卧，稍微屈膝，在膝下垫上衣物或枕头，使患者感觉舒适即可。

第二，用厚布垫或棉垫包绕患者膝部，再用三角巾或绷带、宽布条轻轻包扎固定。包扎要松一些，为受伤处的肿胀留出空间。

第三，呼叫民警，将患者速送往医院进一步治疗。

11. 小腿骨折

（1）突发状况。

小腿骨折，即胫骨和腓骨的骨折，常由于外力撞击引起，由于胫骨前皮下组织很薄，易形成开放性骨折；腓骨骨折多发生在踝关节以上 10cm～12cm 处，往往与踝关节扭伤不易区分，骨折处会出现肿胀、畸形。发生胫骨骨折时，断骨的尖端可能突出在皮肤之外；胫骨与腓骨同时骨折时，伤侧的脚会歪向一侧，而膝盖仍与大腿在一直线上。

（2）应对措施。

固定方法如下：

第一，扶患者仰卧，将其未受伤的腿与受伤的腿靠在一起。

第二，在两腿之间，从膝关节以上的大腿内侧部位到踝关节加垫衣物或折叠后的毯子等。

第三，用三角巾或绷带、布条，以8字形缠绕固定患者双足，使双足底与腿约呈90°。

第四，用三角巾或宽布带缠绕患者双膝及骨折处上、下方，达到固定目的，并在健侧打结。

第五，包扎结束后，要检查患者血液循环情况。检查方法见本书"外伤包扎"的相关内容。

12. 足部骨折

（1）突发状况。

脚被挤压、砸伤或碾伤时会发生骨折，患者受伤处肿胀、疼痛，不能行走。

（2）应对措施。

处置方法如下：

第一，扶患者坐下或躺下，不要搬动伤足，以免因活动造成骨折处更多的损伤和出血。

第二，如受伤部位皮肤无伤口，为减轻伤足的肿胀、疼痛，可适当垫高伤肢。

第三，对没有伤口的受伤部位可以冷敷，以减轻肿胀、疼痛。

第四，检查足部皮肤感觉和血液循环情况，检查时不要随意扭转伤处，以防加重损伤。

第五，尽快呼叫民警送患者到医院诊治。

断肢

1. 突发状况

外伤可能使手指、脚趾及四肢与身体完全断离，形成断肢要妥善保护，争取再植成功。在断肢形成的 6 小时~8 小时之内，断肢再植可获得较高的成功率，其重要条件之一是正确保管断肢。

2. 应对措施

在现场急救时，具体措施如下：

（1）加压包扎伤口并抬高伤肢。

（2）用干净的手绢、毛巾包好断肢，外面再套一层不透水的塑料袋，同时注明伤者姓名和受伤时间。

（3）将装有断肢的塑料袋放入装有冷水或冰块的容器中保存。

（4）不要清洗断肢或直接将断肢放入水中或冰块中。

（5）呼叫民警，将保存好的断肢与患者一同送往医院，交给医务人员。

脊柱损伤

1. 突发状况

脊柱损伤多由于受到间接外力，如人从高处摔下时，头、肩或足、臀部着地，对脊柱产生轴向的挤压力，或由于受到直接撞击而引起脊椎骨折、脱位和肌肉、神经损伤。当腰背突然弯曲、扭转或用力过猛时，也会引起支持脊柱的韧带、肌肉或椎间盘的损伤，发生脊柱损伤后，受伤部位以下的肢体往往不能活动，如果压迫神经，皮肤可有针扎般感觉，背部剧烈疼痛，有被"切断"的错觉，严重时患者会昏迷。

2. 应对措施

对脊柱损伤或怀疑脊柱损伤者的救护方法如下：

（1）不要移动伤者，立即呼叫民警。脊柱如果发生损伤，会失去对脊髓的保护作用，此时实施不合理搬动，可能损伤脊髓神经，造成严重后果。

（2）用双手保持伤者头和颈部不动，还可找来衣物、毛毯等垫在伤者的颈、腰、膝、踝部，固定身体不动，等待民警和医生到来。

（3）如果周围环境有危险必须转移时，要在专业人员的指挥下，几个人一起将患者整体（保持头、颈和躯干在一条直线上）放到平板上，充分固定后再搬运患者脱离危险的环境。如果现场无专业人员，转移患者时应尽量保持其原有体位。

关节扭伤

1. 突发状况

干力气活或运动时，有可能发生"崴脚""戳手""闪腰"等扭伤，其中"崴脚"即踝关节扭伤最多见，这是由于关节韧带被过度牵拉而引起的。扭伤时关节会感到疼痛，活动后会加剧疼痛，伤处周围很快出现青紫和肿胀。

2. 应对措施

（1）让患者尽量舒适地坐着或躺着，将受伤的关节稍微抬高，不要搬动。

（2）冷敷受伤肿胀的部位30分钟左右，能减少受伤处的血流量，减轻肿胀。可以用毛巾浸冷水，一天内在受伤处冷敷几次。

（3）用棉垫或厚布垫在伤处，用三角巾或绷带宽松地包扎，可减轻疼痛。

（4）怀疑骨折时按骨折处理。

（5）在受伤后的24小时内不能热敷，否则会加重出血和肿胀。两天之后，如果肿胀已经得到控制，可以热敷，以便促进血液循环和组织吸收。

关节脱位

1. 突发状况

关节脱位即脱臼。多发生在人用力不当或严重扭伤时，有时与骨折同时发生。常见的有肩、肘、拇指和下颌关节脱位，受伤的关节可能出现畸形、肿胀、疼痛及不能活动。

2. 应对措施

（1）不要活动受伤部位，非专业医务人员更不要试图将脱位关节复位，以免加重损伤。

（2）用外衣或毛毯包绕脱位关节，尽快送医院治疗。

（3）如下颌关节脱位，可用三角巾或绷带上下缠绕头部，以承托下颌，并在头顶打结，处理方法见本书"下颌骨骨折"的相关内容。

脚扎伤

1. 突发状况

人被钉子扎了脚，伤口往往小而深，出血虽然少，但脏东西很难排出来，容易引起感染。如果被破伤风杆菌感染，后果非常严重。

2. 应对措施

被钉子扎了脚要及时处理：

（1）如果钉子扎得较深，切忌立即拔出，应将其包扎固定好，尽快把患者送到医院治疗。

（2）如果患者出血较多，可采用间接加压止血方法包扎伤口，尽快呼叫民警送患者去医院。

眼内异物

1. 突发状况

进入眼睛的异物多是沙粒、灰尘、眼睫毛等，有时异物会被眼泪冲掉，但多数不会随泪水流出。

2. 应对措施

这时应采取的正确措施是：

（1）不要揉眼睛。

（2）许多异物表面是不光滑的，揉眼睛会加重异物对眼球的损伤。用清水冲洗眼睛，让异物随清水流出。

（3）如果异物停留在眼内，可让伤者面向光源坐下，上身稍向后倾，便于检查上、下眼睑的内侧。检查上眼睑时，可让伤者眼睛向下看，然后用拇指和食指捏住上眼皮，轻轻向上翻转即可。检查下眼睑时只需轻轻将下眼皮向下外翻即可。

（4）若发现眼睛里的异物，可用干净的湿棉签将异物清除，最好再滴1~2滴氯霉素眼药水。

（5）如果不能发现或无法清除眼中异物，要尽快去医院医治。

皮肤烧烫伤

1. 突发状况

对于较轻的小面积烧烫伤，如局部红肿、发热、疼痛，要立即冷却受伤部位，可用冷水冲或浸泡20分钟~30分钟，直到受伤部位疼痛明显减轻为止；还可以在局部涂一些烧伤膏止痛，防止起水泡。

2. 应对措施

（1）如果烧烫伤严重，现场有危险，应迅速转移患者。

（2）如果患者衣物着火，要让他卧倒，用毯子等不易燃烧的物品将火熄灭，或用水将火浇灭。不要让患者喊叫，否则可能损伤呼吸道。

（3）立即呼叫民警，密切观察患者的呼吸、脉搏和神志，用干净的棉布盖住烧烫伤处。

（4）不要撕去粘在患者身上的衣服；不要在患者的伤处涂抹药物和其他东西，如食油、白糖、酱油、牙膏、面粉等；不要在患者的伤处覆盖棉花或有毛的东西，也不要贴创可贴或膏药；不要挑破患者的水泡，也不要给患者进食。另外，给患者降温不要过度。

口腔咽喉烧烫伤

1. 突发状况

口腔和咽喉表面有一层很薄的黏膜，人喝入过热的汤水或腐蚀性的化学液体，吸入过热的气体、浓烟，都会损伤黏膜，引起黏膜迅速肿胀，甚至阻塞呼吸道，引起说话甚至呼吸困难。

2. 应对措施

处理方法是：

（1）立即将患者与热源隔离开。

（2）如果患者清醒，立即帮助患者用冷水漱口，使口腔和咽喉冷却下来。

（3）迅速呼叫民警将重患者送医院。

触电

1. 突发状况

人触电会造成电烧伤，常有生命危险。发现有人触电，千万不要惊慌，要马上采取正确的应对措施。

2. 应对措施

（1）立即切断电源。对于普通电线，可用木棒、竹竿等绝缘工具将其挑开。对于断落的高压线，必须首先拉闸断电，禁止旁人接近触电者或用绝缘物挑开电线，避免发生不测。抢救者要注意自我保护，脚下垫上木板或穿上胶鞋，切不可用手去拉触电者。

（2）触电者脱离电源后，如果神志清醒，要检查其全身有无烧伤、外伤并及时处理，尽快送医院做进一步治疗。如触电者意识丧失，要立即检查其呼吸和脉搏。如触电者呼吸、心跳停止，要立即对其实施心肺复苏术，同时呼叫警官。

冻伤

1. 突发状况

人在寒冷环境中时间过长，手、脚、耳朵、鼻尖等处就会出现冻伤。轻者皮肤红肿、灼痛或发痒，重者皮肤起水泡，最重者引起皮肤、肌肉甚至骨骼坏死。

2. 应对措施

处理轻度冻伤的方法是：

（1）如果手、脚冻伤，可将手或脚浸泡在 38°C～40°C 的温水中，直到冻伤处皮肤的颜色恢复正常。患者也可将冻伤的手放在自己的腋下，让冻伤处慢慢恢复温暖。

（2）如果耳、鼻或脸部冻伤，可戴上手套或用棉垫、纱布垫轻轻捂在冻伤处，直到皮肤颜色恢复正常。

（3）不要用冰雪在冻伤处摩擦，这样会增加散热甚至造成局部损伤；也不要用火烤或将冻伤处放在过热的水中，这样会导致局部组织坏死，加重冻伤。

思考题

1. 食物中毒有哪些应对措施?

2. 触电有哪些应对措施?

推荐书目

《养肺就是养命》，倪诚主编，吉林科学技术出版社 2015 年版。

推荐电影

《我是医生》（2017 年），谢鸣晓执导。

第八篇
疫病防控：预防传染病早知道

　　传染病是指由病原微生物感染人体后产生的具有传染性、在一定条件下可引起流行的疾病。在人员相对集中、环境密闭的情况下，一旦出现传染病疫情，就比较容易传播。因此，提高自身的健康素养，树立并自觉践行"健康第一"理念，当好自身健康第一责任人，自觉配合监狱落实各种防控措施，才能维护自身及他人的健康，顺利完成改造任务。

【阅读提示】

1. 掌握传染病的预防知识。
2. 了解日常生活中的防疫措施。
3. 掌握传染病的防控策略。

一、学"肝"货，预防肝炎

病毒性肝炎是由肝炎病毒引起的，以肝脏损害为主的一组传染病。临床上主要表现为食欲减退、恶心、上腹部不适、肝区疼痛、乏力，部分患者可能伴有黄疸和发热。按照病原学分为甲型肝炎病毒（HAV）、乙型肝炎病毒（HBV）、丙型肝炎病毒（HCV）、丁型肝炎病毒（HDV）、戊型肝炎病毒（HEV）五种类型。

甲肝肝炎病毒、戊肝肝炎病毒属于病毒感染导致的急性肝炎。

乙肝肝炎病毒、丙肝肝炎病毒既可以是急性肝炎，也可以发展为慢性肝炎。

丁型肝炎病毒是一种缺陷病毒，必须在乙肝病毒感染的基础上才能感染。

目前，中国患病人数最多的是乙型肝炎。

甲型肝炎

甲型肝炎是由甲型肝炎病毒（HAV）引起的感染性疾病，易引起暴发和流行。

1. 传播途径

甲型肝炎主要通过消化道（粪口）方式进行传播，如接触被甲肝病毒污染的食物、饮用水等。

2. 易感人群

人群对甲肝普遍易感，尤其是婴幼儿。

3. 预防措施

防止"病从口入"，不饮生水，不吃生的或未煮熟的食物，生吃瓜果要洗净，饭前便后要洗手等。

乙型肝炎

乙型肝炎是由乙型肝炎病毒（HBV）引起的感染性疾病，其主要特点是容易转化为慢性感染状态，长期携带病毒对肝脏造成持续损伤，已有研究证明乙肝病毒感染是我国肝癌病人的主要病因。

1. 传播途径

乙肝主要的传播途径为经血及血制品、性传播、母婴传播等。例如，输入被病毒污染的血液及血制品，使用未经严格消毒的注射器和针头（如注射毒品等）、侵入性医疗或美容器具（如纹身、穿耳孔等），与感染者进行无保护性行为，同时携带病毒的孕产妇可将病毒传染给新生儿。

2. 易感人群

人群对乙肝普遍易感。HBV 高危人群包括静脉内注射吸毒者、多个性伴侣者、HBsAg 阳性母亲的婴儿、HBV 感染者的性伴侣及家人等。

3. 预防措施

（1）乙肝疫苗的应用是预防和控制乙肝的有效方法。成人乙肝疫苗属于非免疫规划疫苗，个人自愿自费接种。

（2）阻断母婴传播。

（3）严禁吸毒，尤其是注射毒品。

（4）进行安全性行为，禁止卖淫嫖娼及不正当性行为，正确使用安全套。

（5）避免不必要的输血、注射和使用血制品。

（6）避免与他人共享容易被血液污染的生活用品。

（7）避免使用消毒不彻底的工具进行文身、文眉、穿耳洞、针灸、修脚等。

丙型肝炎

丙型肝炎是由丙型肝炎病毒（HCV）感染所致。HCV 感染后更容易重症化，发展为肝硬化和肝癌的危险性增加。

1. 传播途径

丙肝的传播途径与乙肝类似，主要传播途径为经血传播和性传播，也可通过母婴传播，抗 HCV 阳性母亲将 HCV 传播给新生儿的危险性约为 2%，若母亲在分娩时 HCV-RNA 为阳性，则传播的危险性高达 4%~7%。

2. 易感人群

人群对丙肝普遍易感。多次输血或血液制品者、血液透析者、静脉吸毒者和性滥交者等皆属于丙肝高危人群。

3. 预防措施

目前尚无预防丙肝的疫苗。其他预防措施与乙肝类似。

丁型肝炎

丁型肝炎是由丁型肝炎病毒（HDV）感染导致的传染病。HDV 为缺陷病毒，只有与 HBV 联合感染或重叠感染才能复制。联合感染指同时感染 HBV 和 HDV。重叠感染者肝细胞损害较 HBV 单独感染严重，易慢性化，预后较差。

1. 传播途径

丁肝的传播途径与乙肝类似，主要经血或血液制品传播。也可通过性传播和母婴垂直传播，并有家庭聚集现象。

2. 易感人群

人群对丁肝普遍易感。HBsAg 携带者和乙肝患者都是 HDV 的易感者，乙肝高危人群一般也是 HDV 感染的高危人群。

3. 预防措施

丁型肝炎只发生在已经感染乙肝病毒的人群中。因此，通过乙肝疫苗接种对 HBV/HDV 协同感染模式的预防最为有效，另外也可使普通人群对 HBV 的感染产生免疫力，从而间接达到预防 HDV 感染的目的。其他预防措施与乙肝类似。

戊型肝炎

戊型肝炎是由戊型肝炎病毒（HEV）感染导致的急性传染病，常引起暴发或流行，孕妇戊肝的病死率高达25%。

1. 传播途径

戊型肝炎主要通过消化道（粪口）方式进行传播，与甲型肝炎类似，主要通过受污染的食物和饮用水传播。其他传播途径也有发现，包括食源性传播，即食用来自受感染动物的产品；通过输入受感染的血液制品传播；垂直传播，即孕妇传染给胎儿。

2. 易感人群

人群对于戊肝普遍易感。

3. 预防措施

（1）戊肝疫苗的应用是预防和控制戊肝的有效方法。

（2）通过保持良好的个人卫生和环境卫生，避免使用可能不安全来源的饮用水和食物，减少接触戊肝的风险。防止"病从口入"，不饮生水，不吃生的或未煮熟的食物，生吃瓜果要洗净，饭前便后要洗手等。

思考题

1. 乙型肝炎的传播途径？

2. 甲型、戊型肝炎主要经过什么方式传播？

二、知艾防艾，预防艾滋

艾滋病的全称是获得性免疫缺陷综合征（AIDS）。它是由艾滋病病毒引起的一种病死率高的慢性传染病。艾滋病病毒进入人体后，破坏人体的免疫系统，使感染者逐渐丧失对各种疾病的抵抗能力，造成各种机会性感染、肿瘤等，最终死亡。

目前还没有针对艾滋病的疫苗和治愈的药物，但抗病毒治疗可以有效抑制病毒复制，延缓疾病进程，提高患者的生活质量。

HIV 的抵抗力

HIV 在外界环境中的生存能力较弱，对物理因素和化学因素的抵抗力较低。一般消毒剂如碘酊、过氧乙酸、戊二醛、次氯酸钠等是对乙型肝炎病毒（HBV）有效的消毒剂，对 HIV 也都有良好的灭活作用，70% 的乙醇也可灭活 HIV。HIV 对热很敏感，56℃处理 30 分钟可使 HIV 在体外对人的 T 淋巴细胞失去感染性，但不能完全灭活血清中的 HIV，100℃处理 20 分钟可将 HIV 完全灭活。

健康人是如何感染艾滋病病毒的

艾滋病病毒主要通过性接触、血液和母婴三种途径传播。

性接触：艾滋病病毒可以通过性接触传播。性接触传播艾滋病的风险以肛门性交为最大，阴道性交其次，口交的风险相对前两种方式小。

血液：共享注射器吸毒、输入带病毒的血液或血液制品、使用被污染的针头、注射器等都可能传播艾滋病。

母婴：由感染了艾滋病病毒的母亲传给胎儿或婴儿（通过胎盘、产道和哺乳）。

一般的日常生活接触不会感染艾滋病病毒

日常生活接触是不会感染艾滋病病毒的。以下这些行为，都不会传播艾滋病病毒：

（1）与艾滋病病毒感染者握手、拥抱、抚摸、礼节性接吻。

（2）与艾滋病病毒感染者一起用餐以及共享餐具。

（3）与艾滋病病毒感染者一起使用公共设施，如厕所、公共浴池、电话机。

（4）与艾滋病病毒感染者一起居住、劳动、共享劳动工具。

（5）咳嗽、打喷嚏、流泪、出汗等。

（6）蚊子等昆虫叮咬。

什么情况下考虑进行艾滋病病毒抗体检测

（1）曾经有过高危行为，未采取任何安全防护措施。例如，卖淫、嫖娼、多性伴、同性性行为、共享注射器静脉吸毒等。

（2）在艾滋病高流行地区曾经接受过不安全输血或血液制品。

（3）艾滋病病毒抗体检测阳性的孕妇所生的婴儿。

（4）配偶或性伴侣艾滋病病毒抗体检测阳性。

如果感染了艾滋病病毒，如何做

如果不幸感染了艾滋病病毒，生活和情绪可能会受到很大干扰。但是，感染了艾滋病病毒，并不等于是艾滋病病人。艾滋病病毒在体内有很长的潜伏期，感染者潜伏期内与健康人没有什么不同，关键是要延缓发病时间。做到以下几点，可以减缓免疫力下降和艾滋病病毒数量增长的速度：

（1）接受事实，不自暴自弃，保持平衡的心理和乐观的情绪。

（2）定期到医院检查，接受医务人员的指导。

（3）尽早进行抗病毒治疗。

（4）如果身体状况良好，可以继续工作。

（5）坚决避免高危行为。

（6）适当锻炼身体，规律生活，保证充足的休息。

艾滋病的预防措施

（1）洁身自好，减少性伴数量。

（2）每次性生活都正确使用安全套。

（3）不沾毒，不与他人共享注射器。

（4）去正规医疗机构就诊。

思考题

艾滋病的全称是什么？

none

none

none

none

none

none

none

none

none

none

none

none

none

none

none

none

none

none

none

none

none

none

none

none

none

none

none

none

none

none

none

none

none

none

none

none

none

none

none

none

none

none

none

none

none

none

none

none

none

none

none

none

none

none

none

none

none

none

none

none

none

none

none

none

none

none

none

none

none

none

none

none

none

none

none

none

none

none

none

none

none

none

none

none

none

none

none

none

none

none

none

none

none

none

none

none

none

none

none

none

none

none

none

none

none

none

none

none

none

none

none

none

none

none

none

none

none

none

none

none

none

none

none

none

none

none

none

none

none

none

none

none

none

none

none

none

none

none

none

none

none

none

none

none

none

none

none

none

none

none

none

none

none

none

none

none

none

none

none

none

none

none

none

none

none

none

none

none

none

none

none

none

none

none

none

none

none

none

none

none

none

none

none

none

none

none

none

none

none

none

none

none

none

none

none

none

none

none

none

none

none

none

none

none

none

none

none

none

none

none

none

none

none

none

none

none

none

none

none

none

none

none

none

none

三、洁身自爱，预防梅毒

梅毒是一种由梅毒螺旋体引起的性传播疾病，其传染性强、危害严重，可引起人体多个器官或组织的损害。是我国重点防治和检测的五种性病之一（包括淋病、生殖道沙眼衣原体感染、尖锐湿疣和生殖器疱疹）。感染梅毒后可引起生殖器溃疡，从而更容易感染和传播艾滋病病毒。

梅毒的危害

自 20 世纪 90 年代以来，我国梅毒感染人数明显增加，2009 年，梅毒报告病例数在我国甲乙类传染病报告中居第三位。

梅毒的早期症状容易被忽视。但是随着病情发展将侵犯眼睛、骨骼、心血管和大脑等多个器官，严重危害健康，甚至危及生命。感染梅毒的孕产妇还可将梅毒传染给胎儿，引起流产、死胎或者先天梅毒，严重危害下一代健康。

梅毒是怎样传染的

阴道性交、肛交、口交等性行为都可能传染梅毒，特别是无保护的性交，感染梅毒的危险性更大。

感染梅毒的孕妇可通过胎盘或在分娩过程中将梅毒传染给胎儿或新生儿。

输入梅毒螺旋体污染的血液，共享注射器吸毒，使用未经消毒的器具文身及穿耳孔等可能感染梅毒。

感染梅毒后的症状

梅毒感染 2 周至 3 个月，会出现直径 1cm~2cm 大小、圆形、红色、突出于皮肤表面的溃疡，有软骨样硬度，称"硬下疳"。主要发生于性接触的部位，如生殖器、肛门周围，按压不痛。

部分"硬下疳"不经治疗可自愈，进入疾病的潜伏状态，但随病情发展可出现全身对称性红色皮疹，不痛不痒，多见于躯干、四肢、手掌或足底。

感染 2 年或更长时间后，如没有得到治疗或者治疗不规范，可发生大脑、心血管、骨骼、眼睛等多个器官的损害，严重者可致残，甚至危及生命。

感染梅毒后也有很多人无症状，成为"隐性梅毒"或者"潜伏梅毒"。这种情况对人体仍有潜在危害，也具有一定的传染性。

什么情况需要做梅毒检测

多性伴侣、男男性行为者、发生过无保护性行为者，或者性伴侣感染梅毒者应及时检测。

与他人共享注射器吸毒者，或怀疑自己可能接触过可疑血液者应及时检测。

如果发现感染了梅毒该怎么办

发现感染了梅毒应尽早到正规医院治疗，不治疗或者到非法行医机构治疗只能延误病情，造成更大的损失。

早期梅毒的检测和治疗花费不多，并且经过及时、规范的治疗可完全治愈。

晚期梅毒治疗比较困难，甚至出现不可恢复的损害。

影响心血管、大脑的梅毒病人需要住院治疗。

切记要遵照医嘱，按时、按量完成治疗，如果治疗不规范，梅毒可能治疗失败或复发。

如何保护自己

（1）洁身自爱，固定性伴侣，正确使用质量合格的安全套。

（2）拒绝毒品，不与他人共享注射器吸毒。

（3）不与他人共享针具或其他文身、穿刺工具。

（4）注意个人卫生，不与他人共用牙刷、内衣、毛巾等。

思考题

我国重点防治和检测的五种性病有哪些？

四、开窗通风，预防结核

结核病，也称为"痨病"，是由结核分枝杆菌引起的慢性传染病。结核病可发生在人体除头发、指甲以外的任何部位，80%以上的是肺结核，结核病变发生在肺、气管、支气管和胸膜等部位。

肺结核的传播途径

肺结核主要通过呼吸道传播，即传染性肺结核患者在大声讲话、咳嗽、打喷嚏时，将带有结核菌的飞沫播散于空气中。周围人群吸入带菌的飞沫，即可被感染。也有研究证明，结核菌还可通过尘埃传播，即痰中的结核菌随着尘埃飞扬在空气中，被人们吸入后发生感染和发病。

消化道传播多由饮用未经消毒的、患结核病牛的牛奶引起。人体消化道对结核菌有较强的抵抗力，只有大量结核菌进入才可能引起感染。随着乳业管理尤其是奶制品消毒技术的发展，消化道传播已非常少见。

肺结核的常见症状

全身症状：肺结核患者在病变进展快、范围广、炎症反应强烈时常有全身症状。主要表现为全身不适、疲乏、食欲减退、低热、盗汗、妇女月经不调、植物神经功能紊乱等。

呼吸系统症状：主要有咳嗽、咳痰或痰中带血。胸痛常与病变涉及胸膜有关，呼吸困难常在病变广泛或伴有胸腔积液、自发性气胸等情况时出现。

潮热：肺结核患者呈慢性低热，体温不稳定，一昼夜体温波动在1℃以上。长期午后低热，次日凌晨前退热，称为"潮热"。

咳嗽、咳痰两周以上或痰中带血称为"肺结核可疑症状"。

肺结核的治疗原则

肺结核化学治疗的原则是"早期、联合、适量、规律、全程"。

"早期"：指早诊断、早治疗。结核病发病初期，病灶内血液供应好，有利于药物的渗透；巨噬细胞活跃，可大量吞噬结核杆菌，有利于组织修复。早期治疗可取得较好的治疗效果，并缩短患者的传染期。

"联合"：即必须联合用药，制定合理的化疗方案。这样既提高杀菌效能，又可防止发生耐药性。

"适量"：即药物剂量适当。要既能达到杀灭细菌的效果，又要避免用量太大引起不良反应。

"规律"：即按时和按量服药。保证机体内相对稳定的血药浓度，最大程度地杀灭结核菌，减少耐药发生。

"全程"：即坚持完成全疗程治疗。这样既提高治疗成功率，又可减少复发风险。

只要化疗方案合理、药物剂量合适，并坚持做到规则治疗、完成疗程，大多数肺结核患者是可以治愈的。

规范的抗结核治疗

规范的抗结核治疗包括以下几个方面。

（1）科学的治疗方案。接诊医生要根据患者的诊断、病情、年龄、体重、抗结核治疗史、痰结核菌的耐药性检测结果、合并症和并发症、药物过敏史等制订合理的联合用药方案。避免药物联合不合理、服药方式不恰当、药物剂量不足或疗程不够等造成治疗失败。

（2）规则服药。患者全疗程按时、按量服用抗结核药品。出现不良反应及时就诊处置，保证治疗的完整性和安全性。

（3）定期复查及疗效评估。患者定期复查，医生根据患者服药情况、病情变化、痰菌变化等进行疗效评估，并根据评估结果进行后续处理。

不规范的抗结核治疗会产生什么后果

不规范的抗结核治疗包括化疗方案不合理、剂量不足、服药不规律、不能坚持全疗程治疗等。

不规范治疗可导致杀灭病灶内快速繁殖菌群不彻底，表现为治疗失败，并产生耐药性。还可导致不能有效清除病灶内的间断繁殖菌群和慢速繁殖菌群，表现为患者的复发风险明显升高。

无论是治疗失败还是复发均会造成患者病程迁延，造成肺组织和肺功能的进一步损害，还会造成结核菌、耐药结核菌的持续传播。

肺结核预防建议

（1）认识结核病的危害，掌握结核病防治知识技能。

（2）养成良好的卫生习惯。建议在人员密集场所要戴口罩，与频繁咳嗽者保持距离，日常生活要注意开窗通风。

（3）做好个人健康监测。出现咳嗽、咳痰 2 周及以上或痰中带血等肺结核可疑症状时需及时就诊，避免延误病情。

（4）积极履行结核病防治个人责任。一旦被诊断为肺结核后要积极配合治疗及管理，做好感染控制，避免传染他人。

（5）周围人如出现肺结核可疑症状，应督促其尽快前往医院就诊。

＊为什么开窗通风能预防肺结核

肺结核经空气传播。个体与传染性肺结核患者接触时，能否吸入带有结核菌的飞沫取决于环境空气中的带菌飞沫浓度和滞留时间。通风是有效降低空气当中带菌飞沫浓度的有效方法。

假设肺结核患者的排菌量是固定的，房间每通风 1 次，空气中的含菌量便减少 1/2。这样，随着通风次数的增加，接触者吸入结核菌的风险便显著降低。

因为肺结核症状不典型，在发现肺结核患者后再采取开窗通风往往为时已晚，只能减少以后的结核菌传播风险。因此，养成定时开窗通风的习惯，是预防包括肺结核在内的呼吸道传染病的重要措施。

定期开窗通风是很好的健康生活习惯，经常通风，吹走疾病，迎来健康!

思考题

1. 肺结核可疑症状?
2. 肺结核的治疗原则?

五、战痘攻略，预防水痘

水痘是一种由水痘—带状疱疹病毒（VZV）初次感染引起的急性呼吸道传染病。临床表现是以患者身上皮肤分批出现丘疹、疱疹为特点，而其疱疹的性状如豆，色泽明净如水疱，故而得名。本病可见发热，多数在38℃左右。部分患者不发热。

水痘的传染性很强，并且一年四季均可发生，冬春两季多见，3月至5月份是水痘的高发病期。近年来，我国水痘发病呈上升趋势，所以在人员聚集的集体单位，在每年春季来临之前，应及时做好水痘的预防工作。

水痘的传播途径

患有水痘的病人是唯一的传染源，主要通过唾液飞沫和空气传播（如咳嗽和喷嚏），也可以通过直接接触水痘患者（如疱疹液）或水痘病毒污染的物体表面（如衣物、毛巾、床单）进行传播。水痘病人发病前1~2天至皮疹完全结痂均有传染性，人群对水痘普遍易感。

许多人不知道的一件事是，你也可能因接触带状疱疹而感染水痘，从未患过水痘或接种过水痘疫苗的成人接触泛发性带状疱疹之后，可通过呼吸空气中的病毒颗粒感染水痘。

水痘的临床表现

起病较急，可有发热、倦怠、食欲减退等全身症状，成人较儿童明显，一般1~2天内发疹。首先发于躯干，逐渐延及头面部和四肢，呈向心性分布，即躯干多，面部四肢较少，手掌、足跖更少。初起为红色小丘疹，数小时后变成绿豆大小的水疱，周围绕以红晕。水疱初呈清澈的水珠状，壁薄易破，伴有瘙痒，经2~3天而干燥结痂，之后痂脱而愈，不留瘢痕。在发病3~5天内，皮疹陆续分批发生，故同时可见皮疹、水疱、结痂等不同时期的皮损，病程约2~3周。口腔、眼结合膜、咽部等黏膜也偶可发生损害，常形成溃疡而伴有疼痛。

若水疱抓破后继发细菌感染，可发生皮肤坏疽，甚至引起败血症。此外，少数患者还可出现水痘肺炎、脑炎、心肌炎及暴发性紫癜等并发症。

水痘的治疗和护理

由于水痘是病毒性疾病，主要为对症治疗及抗病毒治疗。可选用阿昔洛韦等抗病毒药物。外用可以炉甘石洗剂、5%碳酸氢钠溶剂外擦疱疹处。用淡盐水漱口，清洗眼部。发病期间，积极治疗及护理，一般预后较好，结痂脱落后，不留疤痕。但若在水痘发病时，不注意卫生，随意搔抓而引发皮肤及软组织的细菌感染，则极可能因感染而留下瘢痕。水痘患者穿的内衣宜柔软、宽松，要修剪指甲，并且要减少洗浴次数，洗后用柔软毛巾迅速擦干。

水痘的预防措施

（1）水痘患者需隔离治疗至全部皮疹完全结痂干燥。

（2）定期对公共物品、被褥等进行消毒及暴晒。

（3）保持室内开窗通风，勤洗手，注意个人卫生。

（4）坚持适度锻炼，增强体质；避免过度疲劳，保证充足的睡眠。

（5）少去人群密集的场所，避免接触有水痘和带状疱疹的患者。

水痘和带状疱疹的关系

水痘和带状疱疹是同一病毒水痘—带状疱疹病毒引起的两种疾病。水痘是 VZV 原发性感染引起的，带状疱疹是潜伏在人体内

的 VZV 再激活引起的。人类普遍对水痘易感，水痘为终身免疫性疾病，人的一生一般只得一次，但近年来科研人员研究结果表明：初次感染疱

疹病毒后，若病毒不能从体内彻底排除，而是潜伏在体内。遇到适当的时期，适当的环境变化，或适当的感染，潜伏的病毒可重新激活。重新激活的病毒在体内发病，表现为带状疱疹。

水痘常发生在婴幼儿和学龄前儿童，以发热以及皮肤和黏膜皮疹为主，皮疹常呈向心性分布，主要分布在躯干。带状疱疹主要发生在中老年人群，带状疱疹除了表现为身体单侧皮疹及腰背部或者脸面部小水泡外，还会伴随急性神经痛，尤其是50岁以上的中老年人这种疼会越发严重，一般疼痛较剧烈，无特效止痛药，直接影响老人正常生活。国内外流行病学调查发现≥50岁的人群是带状疱疹的高发人群。

水痘和带状疱疹的关系还表现为VZV可以通过带状疱疹患者传染给易感者，使易感者罹患水痘。

思考题

1. 水痘的高发病期是什么季节？
2. 带状疱疹主要发生在哪个年龄段的人群？

六、多管齐下，预防新冠

肆虐全球的新型冠状病毒感染自 2019 年年底开始在全球流行，2019 年新型冠状病毒感染（COVID-19）给人类社会造成了巨大影响。

新型冠状病毒的抵抗力

新冠病毒对紫外线、有机溶剂（乙醚、75%乙醇、过氧乙酸和氯仿等）以及含氯消毒剂敏感，75%乙醇以及含氯消毒剂较常用于临床及实验室新冠病毒的灭活。

临床表现

潜伏期多为 2~4 天。

主要表现：咽干、咽痛、咳嗽、发热等，发热多为中低热，部分病例亦可表现为高热，热程多不超过 3 天；部分患者可伴有肌肉酸痛、嗅觉/味觉减退或丧失、鼻塞、流涕、腹泻、结膜炎等。少数患者病情继续发展，发热持续，并出现肺炎相关表现。重症患者多在发病 5~7 天后出现呼吸困难和（或）低氧血症。严重者可快速进展为急性呼吸窘迫综合征、脓毒症休克、难以纠正的代谢性酸中毒和出凝血功能障碍及多器官功能衰竭等。极少数患者还可有中枢神经系统受累等表现。

大多数患者预后良好，病情危重者多见于老年人，有慢性基础疾病者、肥胖人群等。

流行病学特点

（1）传染源：主要是新冠病毒感染者，在潜伏期即有传染性，发病后 3 天内传染性最强。

（2）传播途径：经呼吸道飞沫和密切接触传播是主要的传播途径；在相对封闭的环境中经气溶胶传播；接触被病毒污染的物品后也可造成感染。

（3）易感人群：人群普遍易感，感染后或接种新冠病毒疫苗后可获得一定的免疫力。老年人及伴有严重基础疾病患者感染后重症率、病死率高于一般人群，接种疫苗后可降低重症及死亡风险。

（4）一年四季均可发生，高温和紫外线在一定程度上可减弱其传播，因此，夏季发病相对较低，秋冬季增加。

预防

保持良好的个人卫生及环境卫生，均衡营养、适量运动、充足休息，避免过度疲劳。提高健康素养，养成"一米线"、勤洗手、戴口罩、公筷制等卫生习惯和生活方式，打喷嚏或咳嗽时应掩住口鼻，保持室内通风良好，做好个人防护。（出处：《新型冠状病毒感染诊疗方案（试行第十版）》）

· **思考题**

新型冠状病毒感染的潜伏期为多少天？

七、疫苗接种，预防流感

流感是流行性感冒的简称，是由流感病毒引起的对人类健康危害严重的一种急性呼吸道传染病。从古希腊至今，人类历史记载发生过十几次流感大流行。流感病毒可分为甲型（A型）、乙型（B型）、丙型（C型）和丁型（D型）四种类型。

流感病毒不仅可以感染人，也可以感染动物。目前引起季节性流行的病毒中主要以甲型 H1N1、H3N2 亚型，乙型 Yamagata 系以及乙型 Victoria 系流感病毒。甲型流感病毒容易变异，易引起全球大流行。曾造成全球大流行的有 1918 年"西班牙流感"、1957 年"亚洲流感"、1968 年"香港流感"、1977 年"俄罗斯流感"和 2009 年甲型 H1N1 流感，累计数亿人感染和数千万人死亡。

流感病毒对外界抵抗力不强，可以用乙醇、碘伏、碘酊等常用消毒剂和紫外线照射、加热至 56℃ 持续 30 分钟的方法杀灭病毒。流感病毒在 0℃~4℃ 能存活数周，-70℃ 以下能长期存活。

流感病毒如何传染

流感的潜伏期一般为 1~7 天，多为 2~4 天。病毒在人呼吸道分泌物中一般持续排毒 3~7 天。

流感病毒不仅可以通过打喷嚏和咳嗽等呼吸道飞沫方式传播，还可以在表面存活一段时间。这意味着，如果接触到被病毒污染的物体表面，如门把手、键盘或开关等，然后再接触自己的鼻子或嘴，就可能感染流感。在人群密集、密闭或通风不良的空间内，还有可能通过气溶胶的形式进行传播。

流感的症状

流感一般表现为急性起病、发热（部分病例可出现高热，达 39℃~40℃），伴有畏寒、寒战、头痛、肌肉、关节酸痛、咽喉痛、干咳等症状。无并发症患者通常会自己痊愈，多在发病 3~5 天后发热逐渐消退，全身症状好转，咳嗽、体力恢复时间会久一些。流感的症状通常较普通感冒严重，以全身症状为主。

如何预防流感

1. 接种流感疫苗

接种流感疫苗是预防流感的一种有效措施，可显著降低接种者罹患流感和发生严重并发症的风险。通常接种流感疫苗 2~4 周后，可产生具有

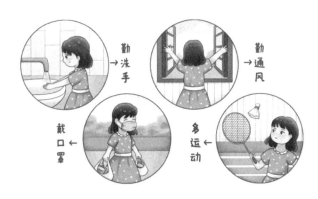

保护水平的抗体，6~8 月后抗体滴度逐渐衰减，保护效力一般不超过 1 年。推荐每年在流感季节前提前接种。

2. 做好个人防护

日常注意保持手卫生和咳嗽礼仪等良好卫生习惯。

在流感流行季节，尽量避免接触有呼吸道症状的人员，如必须接触时做好个人防护。

出现呼吸道症状时，应进行健康观察；尽量避免近距离接触其他人员，如需接触时应佩戴口罩；打喷嚏或咳嗽时应用手帕或纸巾掩住口鼻，避免飞沫污染他人，减少疾病传播。

前往医院就诊时，患者及陪护人员需要佩戴口罩，避免交叉感染。

3. 保护环境卫生

定期清洁通风，对门把手、开关等重点部位定期清洁与消毒。

4. 加强健康监测

对于出现发热、咳嗽等呼吸道症状的人员，应及时观察治疗，如发生聚集性疫情，应配合各项防控措施。

普通感冒和流感的区别

流感和普通感冒都是由病毒引起的呼吸道感染。但它们由不同的病毒引起，且症状、严重程度和治疗方法有所不同。

主要区别：

（1）病原体：流感由流感病毒引起。普通感冒由各种病毒引起，包括鼻病毒、呼吸道合胞病毒等。

（2）症状：流感症状通常突然发生，包括高热、寒战、咳嗽、头痛、肌肉疼痛，乏力和全身不适。普通感冒症状较轻微，可能包括喉咙痛、流鼻涕、打喷嚏、轻微的咳嗽和低热。

（3）症状严重程度：流感的症状通常更严重，可能导致严重的健康问题，如肺炎。普通感冒通常较为温和，并发症较少。

（4）传染性：流感的传染性强，传播速度快。普通感冒也具有传染性，但传播速度较慢。

（5）治疗：流感有特定的抗病毒药物（如奥司他韦），可以减轻症状和缩短病程。普通感冒的治疗主要是对症治疗，如休息、多喝水和使用缓解症状的药物。

（6）持续时间：流感症状通常持续数天至 2 周，尤其是出现并发症时。普通感冒症状通常在 1 周内自行缓解。

思考题

如何预防流感？

八、认识腹泻，预防诺如

1968 年，美国诺瓦克镇一所小学暴发急性胃肠炎。1972 年，Kapikian 等科学家在此次暴发疫情的患者粪便中发现一种直径约 27nm 的病毒颗粒，将之命名为诺瓦克病毒（Norwalk virus）。2002 年 8 月，第八届国际病毒命名委员会统一将诺瓦克病毒改称为诺如病毒。

诺如病毒具有感染能力强、传播快、范围广、易变异等特点。诺如病毒引起的食源性疾病一年四季均有发生，冬季高发。感染对象主要是成人和学龄儿童。多在医院、社区、旅游区等以暴发形式出现。潜伏期为 1~2 天，起病急。主要症状有呕吐、恶心、腹泻、腹痛，全身症状有发热、头痛、乏力和肌痛等，可有呼吸道症状。

生活中哪些食品易被诺如病毒污染

（1）双壳贝类（如牡蛎、贻贝、扇贝等）。

（2）生的或者是未经彻底加热的蔬菜（尤其是绿叶蔬菜如菠菜、生菜和各种芽菜等）。

（3）浆果（包括草莓、蓝莓、树莓等）最为常见。

（4）即食肉制品、乳制品、色拉和焙烤食品。

诺如病毒如何传播

诺如病毒传播途径包括人传人、经食物和经水传播。人传人可通过粪口途径（包括摄入粪便或呕吐物产生的气溶胶）或间接接触被排泄物污染的环境而传播。食源性传播是通过食用被诺如病毒污染的食物进行传播，污染环节可出现在感染诺如病毒的餐饮从业人员在备餐和供餐中污染食物；也可出现食物在生产、运输和分发过程中被含有诺如病毒的人类排泄物和其他物质（如水等）所污染。生食的蔬果类是引起暴发的常见食品。经水传播可由桶装水、市政供水、井水等其他饮用水水源被污染所致。一起疫情的暴发可能存在多种传播途径。例如，食物暴露引起的点源暴发常会导致在一个机构或社区内出现续发的人与人之间传播。

诺如病毒急性胃肠炎感染者有哪些症状

多数感染者出现胃肠炎症状，20%~30%表现为无症状，其中成人感染诺如病毒后，表现为无症状的比例较高；胃肠炎的症状为恶心、呕吐、腹泻等。部分患者有头痛发热、寒战、肌肉疼痛等症状，通常持续1~2天。一般在摄入病毒后24小时~48小时出现症状，但最早12小时也可能发病，成人以腹泻居多，粪便为稀水便或水样便。

65岁以上和患有基础疾病者感染后易出现重症胃肠炎，严重病例可导致死亡。

诺如病毒急性胃肠炎如何预防

1. 保持手卫生

饭前、便后、加工食品前应按照七步洗手法正确洗手，用肥皂和流动水至少洗20秒。

2. 注意饮食饮水卫生

不饮用生水，蔬菜瓜果彻底洗净，烹饪食物要煮熟。

3. 隔离

患者应尽量隔离，避免传染他人。诺如病毒急性胃肠炎患者应隔离至症状消失后3天。

在此期间患者应勤洗手，尽量不要与其他人近距离接触。

4. 做好环境清洁和消毒工作

保持室内温度适宜，定期开窗通风。

对患者呕吐物或粪便污染的环境和物品需要使用含氯消毒剂进行消毒。

在清理受到呕吐物污染的物品时，应佩戴乳胶手套和口罩，避免直接接触污染物。

5. 保持健康生活方式

保持规律作息、合理膳食、适量运动等健康生活方式，增强身体对病毒的抵抗能力。

诺如病毒感染者呕吐物如何消毒

在处置感染者呕吐物时，一定要掌握以下五步：

（1）第一步，迅速疏散人员。呕吐具有突发性，发生时应迅速疏散呕吐物周围人员，开窗通风。

（2）第二步，隔离患者。将发病患者带至隔离室留观。

（3）第三步，做好个人防护。消毒人员要按程序依次佩戴防护用品，包括一次性帽子、一次性医用口罩、一次性医用乳胶手套双层、一次性鞋套。

（4）第四步，消毒处置呕吐物立即用吸水方巾覆盖呕吐物，配制有效氯含量5000mg~10 000mg/L的消毒溶液，充分浸湿吸水方巾，完全覆盖呕吐物，作用30分钟以上。地面、墙面及物体表面用1000mg/L的含氯消毒液，作用30分钟。

待消毒作用后，将吸水方巾包裹的呕吐物移入黄色垃圾袋中；再用沾有消毒液的吸水方巾，对呕吐物污染区域进行擦拭消毒，多次操作，确保消毒彻底。使用过的吸水方巾一并放入黄色垃圾袋中并扎紧袋口，外面再套一层垃圾袋，按医疗废物处理。

（5）第五步，人员卫生处置。消毒人员处理完呕吐物后，用0.5%的碘伏消毒棉片或棉球消毒双手3分钟，去除第一层手套，摘下防护用品及第二层手套，一并放入黄色垃圾袋中按医疗废物处理。操作完毕，再用0.5%的碘伏消毒棉片或棉球消毒双手3分钟。最后，按照"七步洗手法"用流动水冲洗双手。

思考题

诺如病毒的特点？

推荐书目

《传染病与人类历史：从文明起源到21世纪》，[美] 约书亚·S.卢米斯著，李珂等译，社会科学文献出版社2021年版。

推荐电影

《最美逆行》（2020年），范雨林、邢博、胡树华执导。

* 牢记疫病防控口诀

传染病防控要牢记，八大要点跟我学，

肝炎病毒种类多，预防重点在饮食，

甲肝戊肝防生水，乙丙肝炎注射防，

艾滋病防控有三途，性接触和血液传，

高危行为早检测，健康生活免疫强，

母婴传播要阻断，安全行为记心间。

梅毒传播多性接，固定伴侣最可靠，

早期检测治疗好，保护自己保健康。

结核传播靠飞沫，开窗通风是妙策，

咳嗽痰血早就医，规则用药能治愈，

水痘病毒传空气，隔离病人防传染，

勤洗手来常通风，保持卫生是关键。

新冠病毒传三途，飞沫接触气溶胶，

戴口罩来勤洗手，疫苗接种不能少。

流感病毒变异快，接种疫苗防大流，

勤洗手来戴口罩，避免密集少感染。

诺如病毒传染快，饭前便后要洗手，

不饮生水吃熟食，病人隔离防传播，

健康知识记心中，预防传染病不愁，

齐心协力共防控，健康生活无忧愁。

第九篇

大病善识：身体疾病早识别

常言说治病如救火。刚开始失火时，可能一盆水就能扑灭了，如果等到火大了再救，那就如同杯水车薪，即便十盆水也无济于事了。读懂身体的语言，学会和自己的身体对话，观察身体的变化，通过调整身体状态，预防疾病的发生。当自己出现身体不适时，通过改变生活习惯，及时诊治，防止疾病的发展转变或进一步恶化。

【阅读提示】

1. 了解常见疾病的早期症状。
2. 掌握身体不适前兆症状，避免严重后果。
3. 健康自测与养生常识。

一、循环系统疾病：头晕胸闷多不适

循环系统，包括心脏、血管和血液循环，负责将血液、氧气和营养物质输送到全身各个部位，维持人体的正常生理功能。循环系统疾病是生活中多发且常见的疾病，在疾病的早期阶段，通过生活方式调整、采取适当的药物治疗等措施，可以有效地控制病情，防止疾病的进一步发展。

循环系统疾病发生前会有哪些先兆？

以下是常见的早期识别症状：

（1）头晕：头晕是最常见的一种早期症状，可能由于血压波动大，过低或过高会导致脑供血不足，进而引发脑部缺氧，出现头晕的症状。

（2）胸闷：表现为呼吸费力或气不够用的一种主观感受。可能由于肺循环瘀血或左心功能不全可引起，可伴随心悸、气促等不适感，尤其在活动或情绪激动时更为明显。

（3）胸痛：胸痛多是由于心肌缺氧、缺血导致，如心绞痛或急性心肌梗死等。

（4）心悸：也就是我们所说的心慌，表现为心脏跳动不规则，过快、过慢或心跳停顿感。多以情绪激动或劳累等诱发，可能是由于心脏供血不足引起的。

（5）发绀：又称紫绀，表现为皮肤和黏膜呈青紫色，可能是由于循环系统缺氧导致的。

（6）水肿：通常出现在低垂部位（如下肢），可能是右心衰竭时体循环瘀血导致的。

如何预防循环系统疾病的发生

为了减少循环系统疾病的发生，降低心血管疾病的发生率、复发率和并发症风险，防患于未然，需要做到以下几点：

（1）控制危险因素：高血压、高血脂、肥胖等都是心血管疾病的高危因素，应积极控制这些危险因素，保持良好的生活习惯。

（2）改善生活方式：保持健康的生活习惯，包括保持充足的睡眠、早睡早起，避免熬夜。睡眠是养生的第一大补，高质量和充足的睡眠可养精蓄锐、调理气血。

（3）摄入均衡营养：均衡饮食很重要，建议不挑食，减少盐、糖和饱和脂肪的摄入。

（4）控制体重：适当进行运动，如散步、慢跑、打太极拳等，以增强抵抗力。保持健康的体质指数（BMI），正常为 $18.5kg/m^2 \sim 24.9kg/m^2$，避免肥胖。BMI＝体重÷身高^2（体重单位：kg；身高单位：m）。

（5）管理压力，平和心态：学会适当地放松自己，保持乐观的心态，避免长期处于精神紧张和抑郁的状态。可以尝试通过音乐、冥想、瑜伽、深呼吸等方式来缓解压力。

总体来说，预防心脑血管疾病的发生需要综合多个方面。同时，对于有家族遗传史的人群，更应重视早期筛查和干预。通过综合的预防措施，可以有效地降低心脑血管疾病的发病风险。

思考题

1. 循环系统的作用是什么？

2. 循环系统疾病常见的早期识别症状有哪些？

3. 怎样预防循环系统疾病的发生？

二、呼吸系统疾病：气喘咳嗽痰黏多

肺是唯一一个接触外界大气的内脏器官，人每天呼吸两万多次，加上吸烟、粉尘、细菌等异物每天吸入呼吸道中，会刺激肺部的杯状细胞，分泌黏液包裹这些异物，形成黏液，也就是"痰"。

中医讲：肺主皮毛，开窍于鼻，并且肺为娇脏，不耐寒热，肺主气、司呼吸，是全身最先受到外界侵袭的脏腑，当邪气侵袭肺时，容易导致肺内的津液凝聚成痰，肺脏受到外邪的刺激后易出现咳嗽、咳痰、气喘等症状。

同时空气中粉尘、细菌、病原体等对气道的长期刺激，导致气道出现炎性水肿，负责排出肺部炎症的肺部清道夫"肺纤毛"倒伏脱落，导致炎症分泌物不能及时排出，长期堆积在肺深部，堵塞气道，给细菌、病原体的再生提供了"温床"，所以造成"咳嗽、咳痰、喘息"的反复、加重。

咳嗽、咳痰、气喘的形成

（1）"咳嗽"。首先由病毒、细菌、不典型病原等引起的气管炎、支气管炎、毛细支气管炎、肺炎等急性呼吸道感染是咳嗽、咳痰最常见的病因。其次是呼吸道非感染性因素，如环境过敏原、烟雾刺激，温度、湿度变化等刺激气道慢性炎症，黏液分泌增加，导致急性咳嗽、咳痰发作。呼吸道有炎症异物，人体就会想通过咳嗽排出这些炎症异物，来保护气道，上呼吸道的异物可以通过主动咳嗽咳出来。但是我们的肺部就像倒过来的大树，层层分级，越往下越细，下呼吸道最细的支气管直径不足1mm。所以炎性异物就容易在肺脏蓄积，导致反复咳嗽。反复咳嗽是慢性支气管炎的典型表现，病情较轻者在温度骤降时或者冬春季节发病，病情较重者在清晨或夜间发病，发病时咳嗽不止，咳嗽时伴有气喘。

（2）"咳痰"。中医咳痰的理论认为"脾为生痰之源，肺为贮痰之器"相关。咳痰也是肺部疾病的突出表现，多在晨起时出现，痰液可呈白色泡沫状，病情重呈黄色黏稠不易咳出，可有咳血。

（3）"气喘"。因为气道被堵塞变得狭窄，呼吸就会受到限制，影响我们正常的气体交换。咳前发出喘鸣声，检查肺部有哮鸣音。随着炎症分泌物积累的越来越多，气道堵塞会越来越严重，慢慢地发展成平常走路也会喘。

咳嗽、咳痰、气喘怎么办

出现咳嗽、咳痰、气喘等症状不要急，先想想身体有哪些异常，首先是不是受寒了？淋雨了？出汗后有没有受风？周围接触的人有没有相同症状？咳嗽是白天、晨起，还是夜间？是干咳还是有咳痰？咳痰是白色的，还是黄色的？是清稀的还是黏稠的？气喘是受凉、闻见特殊气味加重吗？还有就是看有无发热、寒战、咳血，进食是否好，大小便是否正常等。了解自己的症状后，一方面自己就能简单地判断自己的病情，另一方面可以提供给医生参考。

（1）如果单纯的咳嗽、咳痰，没有接触的人同时发病，用一些止咳化痰药物对症治疗就行了；如同住的家人有发病，请与家人尽快就医。

（2）如果出现咳嗽、咳痰、气喘伴有发热等需到医院就医，进一步检查治疗。

（3）如有慢性咳嗽、咳痰、气喘，一旦症状加重，并且有发热、胸闷等请立即就医，进一步检查治疗。

（4）如果突然出现咳嗽、咳血，请立即就医，进一步检查治疗。

（5）如有慢性咳嗽、咳痰、气喘病史，现出现咳血症状也需引起重视，进一步就医。

咳嗽、咳痰、气喘平时应注意什么

如果咳、痰、喘反复发作，而且打针、吃药都不见好转，应反思日常饮食中是不是没有忌口。饮食应做到三少。

（1）少吃生冷寒凉食物。支气管怕寒，寒气越重，咳嗽越厉害，应避免吃寒凉的食物，多吃温性的食物，多喝白开水，温性的食物也有滋补的功效，对炎症的恢复也是有帮助的。

（2）少吃油腻煎炸食物。肺喜润恶燥，油腻煎炸食物脾胃很难消化，就容易生内热，痰湿加重，燥火扰肺，肺失肃降，咳嗽就会加重，所以应避免吃煎炸、过硬、辛辣油腻的食物，吃多了也会刺激炎症，引起过敏，加重病情。

（3）少吃甜食。脾是生痰之源，过食甜味生痰，甜腻的食物滋腻碍胃，容易滋生痰饮，加重咳嗽。

此外还要保持室内适宜的温湿度，通风良好。并且根据自身情况选择参加合适的体育锻炼，如健身操、太极拳、跑步等。可增加耐寒训练，如冷水洗脸等。注意劳逸结合，保证充足的睡眠。

咳嗽、气喘不用怕，平时饮食要注意，加强运动少不了，食疗妙招要用好，重时求医莫耽搁。

文化讲堂

思考题

1. 咳嗽、咳痰、气喘怎么办？

2. 咳嗽、咳痰、气喘平时注意什么？

3. 咳嗽、咳痰、气喘是哪些器官受累？

三、猝死前兆症状：身体不适要重视

古语说"天有不测风云，人有旦夕祸福"。猝死是指平素身体健康或貌似健康的患者，在出乎意料的短时间内，因自然疾病而突然死亡。猝死常常发生突然，难以预料，也正因如此，我们更应该居安思危、未雨绸缪。遵照习近平总书记树立大卫生大健康观念，关注生命全周期、健康全过程的指示精神，从细节入手，多积尺寸之功。保持健康的生活方式，定期体检，及时发现和治疗潜在的疾病。保持积极乐观心态，通过学习，了解预防猝死的基本知识，掌握急救技术，危机时刻最大限度地保护人民生命健康。

预防猝死，日常生活中我们应了解以下几点

导致猝死的常见原因包括：

（1）心源性猝死：这是最常见的类型，约占猝死病例的 70%~80%。其中心肌梗死、严重心律失常、心肌病是主要原因。这些疾病常常又是未被发现或未被重视的潜在疾病。

（2）非心源性猝死：如肺栓塞、脑血管意外（包括脑出血、脑梗死）、急性呼吸衰竭、急性重症胰腺炎等。

预防猝死，日常生活中我们应警惕以下几点

猝死前可能出现以下前兆症状，需引起注意。

（1）近期频繁出现胸闷，感觉胸部有压迫感、呼吸不畅。

（2）心慌：心跳突然加快、不规律等。

（3）心跳过缓：心脏跳动显著减慢。

（4）呼吸困难：感觉气不够用。

（5）极度疲劳：休息后也难以缓解。

（6）肢体麻木：一侧肢体或身体局部出现麻木感。

（7）头晕：甚至可能突然晕厥。

（8）不明原因的疼痛：如胸痛、肩颈痛、下颌痛、上腹痛等。

需要注意的是，出现这些症状并不一定意味着一定会猝死，但如果有这些表现，尤其是存在心脏疾病等基础病时，应高度重视，及时就医检查和评估。

预防猝死，日常生活中我们应避免以下几点

（1）清晨猛起床。上午6时到11时被称为"心脑血管病的魔鬼时间"，因为首先这个时间段是血压上升的高峰期，血压升高会增加心肌耗氧量，对于有冠心病等基础疾病的人容易诱发心肌缺血甚至猝死。清晨时分，血液处于高凝状态，容易形成血栓，堵塞血管；晨起交感神经兴奋，心率加快，也会增加心脏负担。如果刚醒就猛然起身，或剧烈运动，身体还没有完全从睡眠状态中恢复过来，心肺功能尚未达到最佳状态，特别是对于既往有高血压、冠心病等基础疾病的患者来说，心脏负担猛然加重，就很容易发生意外。（参见葛均波、徐永健、王辰主编：《内科学》，人民出版社2005年版）

（2）排便用大力。对于一些便秘的患者，尤其有高血压、冠心病的老年人，排便用力过度，会使腹压和颅内压升高，导致血压急剧升高，增加心脏负担，诱发心绞痛、心肌梗死，甚至心源性猝死。

文化讲堂

猝死的症状一旦发生，身边人应立即采取急救措施，黄金4分钟内有效的心肺复苏抢救可以最大限度保护脑细胞功能。

（3）长时间洗澡。长时间洗澡，会使皮下血管迅速扩张，皮肤血流量增加，心肌供血减少，心脏负担加重。

（4）久坐不动。冬季天气寒冷，久坐不动有产生血栓的风险，若再遇到情绪激动会使人心跳更快，血压飙升，这种情况下往往容易诱发心肌缺血与心梗导致卒中。

（5）暴饮暴食。研究表明，在暴饮暴食的1小时内，心脏发病的可能性会比正常人增高数倍，对于"三高"人群来说，更加危险。

如果发现有人突然倒地按照以下步骤抢救

1. 判断意识和呼吸

（1）轻拍患者双肩，并在其双侧耳边大声呼喊，判断患者有无意识。

（2）触摸患者有无颈动脉搏动，用食指及中指指尖按压气管旁开 2cm~3cm 处。

（3）观察患者胸部有无起伏，倾听有无呼吸声，同时用面颊感受有无气流呼出，判断时间不超过 10 秒。

2. 呼叫帮助

如果患者无意识和呼吸，立即呼叫周围人。

3. 心肺复苏操作步骤

（1）胸外按压

①让患者仰卧在坚实的平面上。

②解开患者衣领和腰带，暴露胸部。

③按压部位：两乳头连线中点（胸骨中下段）。

④按压手法：双手交叠，用手掌根部按压，手指翘起不接触胸壁。

⑤按压深度：至少 5cm，但不超过 6cm。

⑥按压频率：100~120 次/分钟。

⑦按压与放松时间大致相等，放松时手掌不离开胸壁。

（2）开放气道

仰头抬颏法：一只手置于患者前额，用力使头部后仰，另一只手的食指、中指将下颌骨向上抬起，使下颌角与耳垂连线垂直于地面。

（3）人工呼吸

①用拇指和食指捏住患者鼻子。

②正常吸气后，用嘴包住患者嘴，缓慢吹气，每次吹气时间 1 秒以上，观察患者胸廓是否有起伏。

③吹气完毕，松开捏鼻的手，让患者胸廓自然回缩排出气体。

④按压与通气比例为 30∶2，即进行 30 次胸外按压后，进行 2 次人

工呼吸。

4. 循环进行心肺复苏

持续进行上述操作，每 5 组（约 2 分钟）后，评估患者意识和呼吸是否恢复。如果有自动体外除颤器（AED）到场，应尽快按照设备提示进行操作。

思考题

1. 导致心源性猝死的常见原因包括？

2. 猝死前可能出现哪些前兆症状？

3. 预防猝死，日常生活中我们应做到哪些？

4. 预防猝死，日常生活中我们应避免哪些？

推荐书目

《心之所向——刘健医生说心脏之"冠心病篇"》，刘健主编，北京大学医学出版社 2022 年版。

推荐电影

《中国医生》（2021 年），刘伟强执导。